Success15 fifteen

サクセス15
August 2014
8

http://success.waseda-ac.net/

CONTENTS

校受験なら早稲アカ!!

必勝コース 選抜試験 兼必勝志望校判定模試 無料

8/31 日　7/21 受付開始

必勝5科コース	必勝3科コース
筑駒クラス	選抜クラス
開成クラス	早慶クラス
国立クラス	難関クラス

7月の早稲田アカデミー主催模試も選抜試験を兼ねます。

●当日実施の合格もぎを受験される方は代替受験用として時間を変更した会場を用意しております。
●途中月入会の選抜試験についてはお問い合わせください。

必勝コース 説明会 無料

第2回

8/31 日　7/21 受付開始

●必勝5科コース
対象校 ▶
開成・国立附属・慶女・都県立トップ校

●必勝3科コース
対象校 ▶
早慶附属・難関私立校

●会場等詳細はお問い合わせください。

必勝コース実施要項

日程

9月	7日・14日・21日・28日
10月	5日・12日・26日・11月2日
11月	9日・16日・23日・30日
12月	7日・14日・21日・23日(火・祝)
1月	11日・12日(月・祝)・18日・25日

毎週日曜日 全20回

時間・料金

必勝5科コース　筑駒 開成 国立 クラス
[時間] 9:30～18:45(英語・数学・国語・理科・社会)
[料金] 31,300円/月

必勝3科コース　選抜 早慶 難関 クラス
[時間] 13:30～18:45(英語・数学・国語)
[料金] 21,900円/月

※入塾金 10,800円(基本コース生は不要)　※料金はすべて税込みです。

特待生　選抜試験成績優秀者には特待生制度があります。

全国No.1 5科最難関　**開成高・筑駒高・筑附高 学大附高(二次)(内部進学含む) お茶附高 223名合格**

6年連続全国No.1 女子私立最難関　**慶應女子高 77名合格**

2年連続No.1 都立最難関　**都立日比谷高 78名合格**

※No.1表記は2014年2月・3月当社調べ

お申し込み、お問い合わせは最寄りの早稲田アカデミー各校舎または
本部教務部 03(5954)1731まで。

早稲田アカデミー 検索

開成・国立附属・慶女・早慶附属・都県立トップ

中3 必勝コース

必勝5科コース 筑駒クラス、開成クラス 国立クラス

必勝3科コース 選抜クラス、早慶クラス 難関クラス

講師のレベルが違う

必勝コースを担当する講師は、難関校の入試に精通したスペシャリスト達ばかりです。早稲田アカデミーの最上位クラスを長年指導している講師の中から、さらに選ばれたエリート集団が授業を担当します。教え方、やる気の出させ方、科目に関する専門知識、どれを取っても負けません。講師の早稲田アカデミーと言われる所以です。

テキストのレベルが違う

難関私国立の最上位校は、教科書や市販の問題集レベルでは太刀打ちできません。早稲田アカデミーでは過去十数年の入試問題を徹底分析し、難関校入試突破のためのオリジナルテキストを開発しました。今年の入試問題を詳しく分析し、必要な部分にはメンテナンスをかけて、いっそう充実したテキストになっています。毎年このテキストの中から、そっくりの問題が出題されています。

クラスのレベルが違う

必勝コースの生徒は全員が難関校を狙うハイレベルな層。同じ目標を持った仲間と切磋琢磨することによって成績は飛躍的に伸びます。開成 79 名合格（7年連続全国 No.1）、慶應女子 77 名合格（6年連続全国 No.1）早慶 1431 名合格（14 年連続全国 No.1）でも明らかなように、最上位生が集う早稲田アカデミーだから可能なクラスレベルです。早稲田アカデミーの必勝コースが首都圏最強と言われるのは、この生徒のレベルのためです。

2014年 高校入試

14年連続 全国 No.1 3科最難関

早慶（一次）高 1431名合格

7校定員 約1610名

一流中学 高校受験 早稲田アカデミー

information
ーインフォメーションー

早稲田アカデミー
各イベントのご紹介です。
お気軽にお問い合わせください。

小1～中3

まだ間に合う！
夏期講習会受付中

夏期講習会 7月・8月実施

学校の成績を上げたい君

中３の夏から都県立合格を目指す君

部活と勉強を両立させたい君

夏期講習会の詳細はホームページをご覧ください。

夏は受験生にとっては天王山、また受験生でなくても、長い夏休みの過ごし方ひとつで大きく差がついてしまいます。この休みを有意義に過ごすために、早稲田アカデミーでは家庭学習計画表などを活用し、計画的な学習を進めていきます。夏期講習会の目的は１学期の学習内容を確実に定着させ、先取り学習で２学期以降に余裕を持たせることにあります。平常授業の３か月分に匹敵する集中学習（受験学年）は、２学期以降のステップアップの大きな支えとなるでしょう。

早稲アカだから実現! 集まれ! 公立上位校志望生!

首都圏最大規模無料学力判定模試

中3

首都圏オープン学力診断テスト

兼 都県立最難関対策コース選抜テスト

ネット・携帯で
簡単申込み!!

8/30㊏ 8:30～

無料

会 場	早稲田アカデミー各校舎 （WAC除く）
保護者対象	都県立最難関対策コース説明会 ※時間・会場はお問い合わせください。

時間▶8:30～12:45（5科）
会場▶早稲田アカデミー各校舎（WAC除く）

事後受験できます

希望者対象 **無料学習カウンセリング**

中3

作文コース

公立高校の記述問題にも対応
国語の総合力がアップ

演習主体の授業＋徹底添削で、作文力・記述力を徹底強化！

9月開講 受付中

推薦入試のみならず、一般入試においても「作文」「小論文」の出題割合は年々増加傾向にあります。たとえば開成の記述、慶應女子の600字作文、早大学院の1200字小論文や都県立推薦入試や一般入試の作文・小論が好例です。本講座では高校入試突破のために必要不可欠な作文記述の“エッセンス”を、ムダを極力排した「演習主体」のカリキュラムと、中堅校から最難関校レベルにまで対応できる教材、作文指導の“ツボ”を心得た講師陣の授業・個別の赤ペン添削指導により、お子様の力量を合格レベルまで引き上げます。また作文力を鍛えることで、読解力・記述式設問の解答能力アップも高いレベルで期待できます。

- **9月～12月**（月４回授業）
- **毎　週**　校舎によって異なります
- **時　間**　17：00～18：30（校舎によって異なります）
- **入塾金**　21,600円（基本コース生は不要）
- **授業料**　12,500円／1ヶ月（教材費を含みます）

「日曜特訓」「作文コース」に関するお申し込み・お問い合わせは最寄りの
早稲田アカデミーまたは **本部教務部 03（5954）1731** まで

一流中学
高校受験
早稲田アカデミー

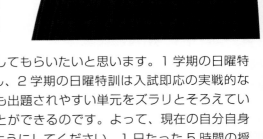

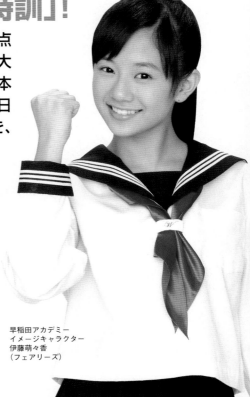

ここに、君が育ち、伸びる高校生活がある。

「本来の学校らしさ」を求める高校
充実感のある高校生活と大学進学を目指す。

わたしたちの学校は、勉強に、行事に、そして部活動にも燃える、活気と充実感のある高校です。「特進」・「コース制」を採用せず、全員に総合的学力と進学学力をつけることをめざしています。

学校見学会

7/19（土）
8/ 9（土）
8/30（土）
◆ 14:00開始

■「学校紹介ビデオ」放映
■「模擬授業」
■「教育内容」説明
■「学校施設」見学
◆申し込みが必要です。

●見学会が終了後、個別の「受験相談コーナー」があります。

学院祭（文化祭）

10/ 4（土）・10/ 5（日）
◆学院祭当日も、学校説明会を実施します。
10:00 開会
◆申し込みが必要です。

■2014年3月・卒業生進路状況

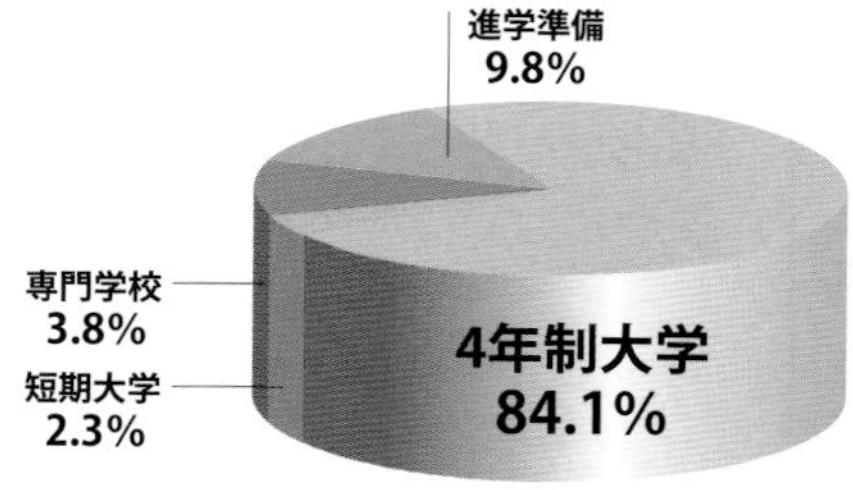

※「申し込み」は個人でお電話か、HPの「お問い合わせフォーム」よりお申し込み下さい。
※9月以降は学校説明会を予定しています。

正則高等学校

●申し込み・お問い合わせ 03-3431-0913 ●所在地：東京都港区芝公園3-1-36
http://www.seisoku.ed.jp

▶日比谷線・神谷町
▶三 田 線・御成門
いずれも徒歩５分
▶浅 草 線・大 門
▶大江戸線・赤羽橋
いずれも徒歩10分
▶南 北 線・六本木一丁目
▶Ｊ R・浜松町
いずれも徒歩15分

2014年 夏休み徹底活用術

もうすぐ始まる夏休み！

せっかくの夏休みをだらだら過ごしていてはもったいない！

ということで、今回は早稲田アカデミー・高校受験部門統括責任者の酒井和寿先生に、

有意義な夏休みを過ごすためのポイントを伺いました。

今回紹介したことを実践して、夏休みにレベルアップをはかりましょう！

夏休み徹底活用術

夏休みを迎えるにあたって大切なのは、
目標や計画を立てること。まずは夏休みをムダなく無理なく
過ごすためのコツをお教えします。

～生活編～

酒井先生に質問!!

早稲田アカデミー
高校受験部門統括責任者
酒井和寿先生

Q 夏休みの学習計画はどうやって立てればいいですか?

A まず始めに、外せない予定を確認してみましょう。

夏休みの勉強を有意義にするために、学習計画を立てる人は多いと思います。計画を立てる際には、まず最初に家族旅行や部活動などの「絶対に外せない予定」を確認しましょう。そうすれば、「この日は1日空いている」、「この日は午前中しか勉強できない」というように、勉強に使える時間が具体的に見えてきますので、計画も立てやすくなるはずです。

Q 夏休みの生活で気をつけることはなんですか?

A 夏バテしないよう、健康管理が大切です。

左ページのポイントの1つ目にもありますが、体調を崩しやすい夏は健康管理に気を配ってください。生活リズムを正し、きちんと食事をすること。また、意識的に適度な運動をするように心がけると、気分もリフレッシュできて勉強も頑張れると思います。

Q 塾の夏期講習を利用する場合のポイントを教えてください。

A 自分の実力に合った講習を選びましょう。

塾の夏期講習を利用する場合は、自分の苦手分野と得意分野をしっかりと把握することが第一です。まずは、各教科ごとに1学期の勉強を振り返ってみましょう。

苦手分野のある教科は克服をめざしてしっかり基礎固めができる内容の講習を選ぶようにし、逆に得意分野の教科は実力アップを目標として発展的な講習を選ぶというように、自分の実力と目的に合った講習をとることが重要です。

また、講習のある日は、出された宿題に手いっぱいで復習に手がつけられないという場合もあると思います。講習期間中に休みの日がある場合は、その時間を講習内容の復習にあてることで、学んだことをしっかりと身につけることができるでしょう。

1 朝寝坊・夜更かし厳禁！ 生活リズムは崩さない

長い夏休み、まずは健康管理を第一に考えて生活することがポイントです。とくにこの季節は、外は気温が高くて暑くても、部屋のなかは冷房が効いていて涼しいことが多く、こうした温度差から体調を崩してしまう場合もあります。また、休みだからといって朝寝坊や夜更かしが習慣になってしまうと、生活リズムの乱れから体調不良につながるおそれがあります。有意義な夏休みにするためにも、規則正しい生活を送るように心がけ、夏バテしないように気をつけましょう。

2 1学期の範囲を総復習し 苦手意識を解消！

夏休みの学習で一番重要なのは「1学期の範囲の総復習をすること」です。1学期に勉強してきたなかで、大なり小なり、得意な部分や不得意な部分があったと思います。夏休みにそれらを復習することによって、得意な部分はさらに完璧に、そして苦手な部分はしっかりと克服することができ、2学期からの学習に備えることが可能となります。

また、中3は受験学年ですから、1学期だけではなく、中1・中2の内容も復習しましょう。

夏休みを有意義に過ごすための 4つのポイント

3 詰め込みすぎない！ 実現可能な学習計画

夏休みに効率よく勉強を進めるためには、きちんと学習計画を立てて臨むとよいでしょう。立てる際のポイントは、実現可能な計画であること。ついつい欲張って詰め込みすぎたり、睡眠時間を削らないと達成できないような無茶な計画になっていないか気をつけてください。難しい計画を立てて計画倒れになるよりも、無理がなく実現できる計画を立てて、「できた！」という達成感を得る方が気持ちにもプラスとなり、やる気も持続できるはずです。

4 自分に合った時間帯に 勉強して効率アップ！

勉強がはかどる時間帯には個人差があります。「午前中の方が進む」という人もいれば、「夜の静かな時間がいい」というように、人それぞれですので、一概にどの時間帯が学習に適しているとは言えません。暗記ものがはかどる時間はいつか、長文問題に適した時間はどこか、勉強がはかどる時間帯がわかっていれば、学習計画を立てる際にも役立ちます。まだわからないという人は、夏休みの最初を使い、朝・午後・夜と勉強する時間帯を変えて試してみましょう。

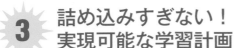

夏休み徹底活用術

ここからは夏休みの勉強で押さえてほしいポイントを
国語・数学・英語・社会・理科の５教科別に紹介しています。
それぞれの教科に合った学習方法を実践しましょう！

～学習編～

国語は・・・読解力をつけよう！

国語のポイントはこの3つ！

1. じっくりと読解問題に取り組む
2. プラスαで暗記ものもやってみよう
3. 集中できないときは切り替えを

国語は、英語や数学のように単元が積み重なっていくのではなく、学年があがっていくにつれて扱う文章のレベルが少しずつ高くなっていく科目です。ですから、「これをやるべき」ということを学年別に示していくのは難しい部分があります。

では、どのようにして学力をつけていくのでしょうか。学力をつけるうえで大切なのは中１から継続して読解問題を解き続けていくことです。その際、ただ解くだけではなく、答え合わせも重要です。答えにあたる部分がどこに書かれているのかなど、問題文との比較を必ず確認するようにしましょう。解きっぱなしで、答え合わせを疎かにしてしまうと、「なんとなく解いただけ」で、なかなか力がつきません。記述問題は、模範解答の別解を考えてみるのも効果があります。

夏休みに入ったら、こうしたことを意識しながら、学校や塾の夏期講習会で出された宿題にじっくりと取り組み、解いたら答えの確認をしてください。自学自習をする場合は、これに加えて漢字・文法・文学史・古文単語などの暗記ものをするといいでしょう。

以上をふまえて、夏休みの学習計画を立てるときには、暗記ものだけではなく、「読解問題をこれだけ解く」という目標も設定しましょう。

最後に、読解問題の学習は文章を読み込む作業が必要です。寝不足や疲れで「集中できないな」と思ったときは、無理に取り組まず休憩をとりリフレッシュすることも大切です。

数学は・・・演習を重ねよう！

数学のポイントはこの3つ！

1. 復習と苦手克服が不可欠
2. 簡単な問題からスタートして積み重ねる
3. ケアレスミス対策はいまのうちに

数学の勉強は、学習する単元のレベルが学年ごとにあがっていく「螺旋《らせん》型」になっていることが特徴です。

つまり、これまでに学習したことが身についていれば、２学期からの学習の理解も進みやすいということです。

そう考えると、夏休みに勉強すべきことは、これまでの復習と苦手部分の克服ということになります。

また、数学は公式などを覚えただけでは試験で正答にたどりつくことはできません。実際に問題を解いて「解答できる」まで練習を重ねる必要があります。

学校がある時期よりも勉強時間をとることができる夏休みに、簡単な問題からスタートしてしっかりと基礎力をつけていきましょう。問題数を多くこなしていくことで、学習した内容を定着させていき、さらに時間的な余裕がある人は発展的な内容に進んでいけばいいでしょう。

学年別に見ていくと、中１では正負の数と文字式の計算、そして方程式の文章題を確実に身につけることを意識してください。

中２は連立方程式と文字式の計算力を高めていくことが大切です。

高校受験を控える中３の場合は、上位校を志望している人は単元のカリキュラムを早めに終わらせて総合的な演習に入っていきたいところ。中堅校を志望している人は、夏休みの間は図形単元の理解に力を入れて、総合演習は２学期に入ってから取り組むのがいいでしょう。

最後に「ケアレスミス」について。数学のケアレスミスは、学習を積み重ねることと、見直しをきちんと行うことが対策になります。ケアレスミスの原因として、問題演習が足りず、慣れていないということがあります。時間がある夏休みにトレーニングを重ねましょう。

また、ケアレスミスが出たあと、「次は気をつけよう」ではなく、なぜそんなミスをしたのかを考える習慣をつけることで、同じミスを繰り返す回数を減らすことができます。

英語は・・・復習と苦手克服を中心に！

英語のポイントはこの３つ！

1. ２学期に苦手を残さない
2. 中３は長文問題にも触れよう
3. 単語の暗記は発音も意識する

夏休みは１学期の復習を中心に学習を進めるのがいいでしょう。苦手部分があるならば、それをなくしていくために時間をかけることが肝心です。

とくに中１は、中学校で初めて英語の学習に取り組んでいる人も多いですから、これからの英語学習の最も基礎的な部分を固めていく時期と言えます。いまの時点で苦手意識や弱点になりそうなところを残したまま２学期に入っていかないようにしたいものです。

中２も中１同様に、苦手部分を克服するようにしましょう。さらに中２は、今後の高校受験に直接つながるような重要な単元の学習が続きますから、復習や苦手克服が終わって時間ができた人は、文法の先取り学習を進めるのもいいでしょう。その場合は、英検４級の問題集を使うことをおすすめします。なぜなら、２学期以降に習う文法単元の解説や問題がまとめられているからです。

中３は、復習、苦手克服に加えて、高校受験対策のために長文問題に触れるようにしましょう。中１、中２の時点ではまだ文法や語彙《ごい》が固まっていないので、長文に取り組む必要はありません。

こうした勉強に加えて、夏休みを利用して単語や熟語を覚えようと考えている人は、暗記の際に意味だけではなく、発音も覚えることを意識してみてください。

発音がわかっていると、つづりの暗記も覚えやすくなるので効率がよくなります。英単語の発音が収録されたＣＤなどが付属している市販の単語集もありますから、そういったものを活用するのもいいでしょう。

社会は・・・

学年ごとに対策を！

社会は暗記を前提としているため、地道にコツコツ勉強を続けていれば、その成果が得点に結びついていく科目です。逆に怠けていると得点が伸びない科目でもありますので、短時間でもいいので、毎日取り組むことが大切です。電車の移動時間など、隙間時間での暗記がおすすめです。

中１は地図帳を活用しながら、各都道府県別の農業や工業などの産業について、自分の言葉でまとめられるようになりましょう。

中２は歴史小説などで、歴史に親しみながら、江戸時代前までの政治史を中心に復習しましょう。歴史の流れを完璧に押さえるためにも、自分で歴史を物語として語れるようになるのが理想的です。

中３は公民の学習とともに、中１・中２の復習も行いましょう。公民の内容はみなさんにとっては抽象的で難しく感じるかもしれませんが、テレビのニュースや新聞などに興味を持つよう心がけることで、社会の出来事を身近に感じることができます。

社会のポイントはこの３つ！

1. 移動時間などの隙間時間を積極的に利用
2. 自分の言葉でまとめ直してみる
3. 社会の出来事に興味を持つ

理科は・・・

積み重ねが大切！

理科は各学年によって学習内容が異なる教科です。そのため、中１で学んだ内容は中１のうちに、中２は中２のうちに…というように各学年で学んだことはその学年のうちにしっかり身につけておきましょう。夏休みも１学期で学んだことの復習を最優先と考え、中３生で受験科目に理科のある人は、中１・中２の復習にも力を入れましょう。

また、学校からワークブックのほかに自由研究などの課題研究も出されると思いますが、これも怠らないように注意してください。自主学習も大切ですが、学校からの課題研究にもきちんと取り組みましょう。

理科は暗記の多い科目ですが、ただ丸暗記をしようとしてもなかなか覚えられないと思います。そこでポイントになるのが、連想ゲームのように１つの言葉から色々なことをつなげて覚えることです。暗記した知識が「点」ではなく、知識と知識を関連づけることによって「線」のようにつながった状態で記憶されていることが望ましいといえます。

理科のポイントはこの３つ！

1. 理科の勉強は毎日する
2. １学期に学んだことの復習が肝心
3. 連想ゲームのように暗記しよう

暑さに負けるな！
夏バテしない身体作り

夏になると、食欲が落ちて身体がだるくなったり疲れが取れにくかったりすることはありませんか。それは夏バテかもしれません。夏バテにならないためにはどうすればいいか。管理栄養士の長坂聡子さんにお聞きしました。

夏バテは、暑さに負けて食欲がなくなることから始まります。そうすると身体に必要な栄養素が足りなくなり、だるさが続いたり、疲れが取れにくくなってしまいます。そして、ますます食欲がなくなるという悪循環におちいります。

夏バテしないためには、夏だけでなく、夏がくるその前からバランスのいい食事をして身体に必要な栄養素をしっかりと摂取し、暑さに負けない身体を作っておくことが大切です。バランスのいい食事とは、次の5種類がそろっているものです。

「主食」…白米、パン、麺類
「主菜」…肉、魚、玉子、大豆製品など
「副菜」…野菜、海藻、キノコ、イモ類など
「乳製品」…牛乳、ヨーグルト、チーズなど
「果物」…オレンジ、キウイ、バナナ、リンゴなど

成長期である中学生のみなさんは、朝・昼・晩、毎食、この5種類をしっかりと意識をして摂取しましょう。

3食のなかで、朝ご飯は1日を始めるスイッチの役割があります。身体は、食べることで体温があがり、活動する準備を整えます。午前中の勉強や運動に使われるエネルギーは朝ご飯でしか取れないので、朝からしっかりと食べることが必要です。

1度の食事でバランスを整えられなかった場合は、食事と食事の間に補食として補ったり、次の食事や翌日の食事など、短いサイクルで調節するようにしましょう。

また、体調管理や風邪の予防など、免疫力をあげる効果がある栄養素にビタミンCがあります。ビタミンCは、ほかにもアキレス腱や筋を作るコラーゲンを生成するときに必要になるので、積極的に摂りましょう。ビタミンCはオレンジやグレープフルーツ、キウイやイチゴなどの酸味のある果物に多く含まれています。果物が食べられない場合は果汁100%のオレンジやグレープフルーツジュースでもビタミンCを摂ることができます。

このようにバランスを考えながら食事を摂る習慣を身につけておくことが、夏バテしない身体を作り、充実した夏休みを過ごすことにつながります。

長坂 聡子さん
早稲田大学 スポーツ栄養研究所
招聘研究員
管理栄養士・公認スポーツ栄養士

▲バランスの取れた食事の１例です。

夏バテ気味のキミにアドバイス

疲労回復には糖質＋ビタミンＢ$_1$

勉強や部活動を頑張りたいけれど、疲れが抜けない。そんなときは、エネルギーが不足しているのかもしれません。

身体や頭を動かすエネルギーとなる栄養素は糖質です。

そして、その糖質をエネルギーに変えるために必要なものがビタミンＢ$_1$です。

糖質は、白米やパンなどの主食から摂取し、ビタミンＢ$_1$は、豚肉や大豆製品、緑黄色野菜に多く含まれているので、これらを意識して食べるように心がけることが疲労回復への近道です。

食欲がないときのおすすめ

暑さに負けて食欲がないときは、のどごしのいい素麺《そうめん》などが食べやすいでしょう。

しかし、素麺だけでは、糖質しか摂取できないので、温泉玉子や玉子豆腐、トマトなどをトッピングして、少しでもバランスのいい食事に近づけることが大切です。

また、シソやネギなどの香味野菜、ショウガやトウガラシなどの香辛料、ユズやスダチなどの柑橘系の食べものは食欲が増すと言われているので、このような食材をうまく使えば食欲不振を解消できます。

部活動中の水分補給

炎天下や暑い体育館で汗をかきながら部活動の練習をしているときなどに、筋肉に痛みを感じたり、痙攣《けいれん》を起こしたことはありませんか。それは熱中症の症状の１つで、水分補給が足りていないサインです。

夏になると大量の汗をかきます。汗には塩分が含まれており、汗として失われた水分と塩分を補充するには、スポーツドリンクが最適です。一般的なスポーツドリンクには、水分の吸収をよくするために、適度な塩分（0.2％程度）と３～８％程度の糖分が入っています。また、吸収のためには飲料の温度も大切で、５～15℃くらいのものがよいと言われています。冷凍庫でカッチカチに凍らせた飲料ではなく、冷蔵庫やクーラーボックスで冷やした飲料をこまめに少しずつ飲むようにしましょう。

水分補給で注意したいのは、大量の汗をかいたときに、塩分の入っていない水などの飲み物ばかりを飲んで血液中のナトリウム濃度を下げてしまうことです。身体はその濃度を元に戻そうと、せっかく摂取した水分を尿として排出してしまうので、結果として脱水状態は変わりません。

ただし、水分を取れば取るほどよい、というわけではありません。水分の取りすぎは胃液を薄め、消化の能力を落としてしまうので注意が必要です。

適切な水分補給の量は個人で違うので、練習の前後に体重を計り、自分に必要な水分量を見つけることが大切です。練習後の体重が練習前の体重と比べて２％以上減少していた場合は、水分補給が足りず脱水状態となっています。また、体重の減少が２％に満たない場合でも、水分補給が足りていないと、運動能力が落ちると考えられています。

体重を目安に、こまめに水分補給をして、部活動に思いっきり打ち込みましょう。

東大手帖 ～東大生の楽しい毎日～

現役東大生が東大での日々と受験に役立つ勉強のコツをお伝えします。

もっと積極的に海外へ飛び出してみよう

Vol.05

text by 一（イチ）

東大は、2015 年度末までに夏休みの期間を増やす「４学期制」を導入することを決定し、話題を呼びました。これには、海外大学のサマープログラムに参加する学生を増やす狙いがあるそうです。

文部科学省が発表している統計によると、日本人の海外留学者数は５万 7501 人（2011 年）だそうです。この数は中国や韓国より少ないと言われています。海外企業との経済競争がますます激しくなるなかで、東大の総長は「日本人学生はもっと海外へ！」といつも叫んでいます。

一方で、若い学生の「内向き」志向は年々高まっていると聞きます。ハーバード大や MIT（マサチューセッツ工科大）では中国や韓国に比べ、日本からの留学生がどんどん減っているそうです。

また、新入社員のおよそ２人に１人が「海外で働きたいとは思わない」と答えた、産業能率大の調査も議論を呼びました。

このように、若者の内向き志向が強まっているとされるなか、今回は海外で積極的に活動している東大生たちを紹介します。

同じサークルのＹくんは、２年生の夏にインドで３週間職業体験をしました。日本企業から依頼を受け、インドの商店街などの流行を調査し、その企業のインドへの進出可能性を探りました。また、自分でアポイントを取り、ベンチャー企業や航空会社を訪問したそうです。彼は「成長するインドの熱さを身に染みて感じたほか、ビジネスを疑似体験できて勉強にもなった」と語っています。インドで知り合った友人たちとは Facebook で親交を続けていて、いまでも勉強へのやる気が落ちたときなどに相談に乗ってもらうなど、いい刺激を受けているそうです。

続いて同じ学部のＴさん。彼女はこれまでに何度かハーバード大や北京大などを訪れ、現地の学生との共同研究やディスカッションに励んでいます。「人種も育った背景も全然違う学生たちが、英語を通じて同じ話題で盛りあがったり、笑いあったりできるのが楽しい」と話し、高校のころから英語が好きで、得意なことを活かしていけることにも大きなやりがいを感じているそうです。彼女は、「国籍が異なるからこそ、新たに知る価値観もある」と言います。

最後はぼくの話。海外旅行が大好きで、長い休みになるといつもどこかへ飛んでいきます。この４年間で中国を７回訪問したほか、インドやモロッコ、スペインを一人旅しました。思い出深いのは、モロッコで道に迷い途方に暮れてしまった夜のこと。麻薬の売買が横行するガラの悪い町で、１人怯えながら駅のホームにたたずんでいました。するとそこへ、心配そうな顔をした駅員さんが声をかけに来てくれ、さらにその晩、駅長室に泊めてくれたのです。「私たちイスラム教徒は外国人を歓迎している。とくに日本人は大好きだ！」と。その人は次の日に観光案内まで行ってくれました。それまで抱いていた「イスラム教圏の人は怖い」というぼくのイメージとまったく異なる駅員さんの親切な態度に感動しました。

最近は安く利用できる飛行機も増え、海外には随分と行きやすくなりました。学校や市町村が主催する中高生向けのプログラムも増えていると聞きます。「日本が一番！」と日本にずっといるのもいいですが、機会があれば視野を広げて海外に出てみるのもいいと思いますよ。

ノブリスオブリージュ
為せば成る
がむしゃらな日々は報われる
小春日和
Wings and Compass
未来へ翔く翼とコンパス
一期一会
入試説明会※
8/ 2(土) 10:00~11:30(都外生) 14:00~15:30(都内生)
8/ 9(土) 10:00~11:30(都外生) 14:00~15:30(都内生)
9/14(日) 14:00~15:30
10/11(土) 14:00~15:30
10/18(土) 14:00~15:30
11/ 8(土) 14:00~15:30
11/15(土) 14:00~15:30
11/22(土) 14:00~15:30
11/29(土) 14:00~15:30
12/ 7(日) 14:00~15:30
※ 全体会1時間半(予定)、その後に校内見学・個別相談を受付順に行います。
個別相談会 <要予約>
12/25(木) 9:00~15:00
特待入試解説会 <要予約>
12/ 6(土) 14:00~18:00
東京国際フォーラム HALL B7(有楽町)
クラブ体験会 <要予約>
男子サッカー部
7/13(日) 13:00~15:30
10/11(土) 16:30~18:00
野球部
8/ 9(土) 12:00~13:30
10/18(土) 16:30~18:00
11/ 8(土) 16:30~18:00
桜華祭(文化祭)
9/28(日) 9:00~15:00
・予約が必要な行事は本校Webサイト http://www.sakuragaoka.ac.jp/にてご予約ください。
・上履きは必要ありません。また車での来校はご遠慮ください。
・上記以外でも、事前にご連絡をいただければ学校見学が可能です。
SAKURAGAOKA 1924
桜丘高等学校
〒114-8554 東京都北区滝野川1-51-12 tel：03-3910-6161
http://www.sakuragaoka.ac.jp/
mail：info@sakuragaoka.ac.jp
@sakuragaokajshs
http://www.facebook.com/sakuragaokajshs
・JR京浜東北線・東京メトロ南北線「王子」駅下車徒歩7~8分
・都営地下鉄三田線「西巣鴨」駅下車徒歩8分
・都電荒川線「滝野川一丁目」駅下車徒歩2分
・「池袋」駅から都バス10分「滝野川二丁目」下車徒歩2分
・北区コミュニティバス「飛鳥山公園」下車徒歩5分
力
諦めたらそこで試合終了だよ！

SCHOOL EXPRESS

市川高等学校

ICHIKAWA HIGH SCHOOL

千葉県 市川市 共学校

独自の取り組みを通して 世界で活躍するリーダーを育成

３つの建学の精神を基本としつつ、新たな時代を生き抜くためには「リベラルアーツ教育」が必要であると市川高等学校は考えています。世界で活躍できるリーダーを輩出するために、さまざまな特徴ある取り組みが行われており、色々なことにチャレンジできる学校です。

宮﨑《みやざき》　章《あきら》 校長先生

創立当時から受け継がれる３つの建学の精神

市川学園の基盤は、創立者の古賀米吉先生の尽力によって築かれました。１９３７年（昭和12年）に市川中学校が、１９４８年（昭和23年）に市川高等学校（以下、市川高）が開校。そして２００３年(平成15年）の現在地への移転および新校舎竣工に伴い、男子校から男女共学校となりました。

古賀先生が唱えた「独自無双の人間観」、「よく見れば精神」、「第三教育」の３つが市川高の建学の精神であり、現在も受け継がれています。

宮﨑章校長先生は「そのなかでも、

一番特徴的なものは『第三教育』です。家庭教育を第一、学校教育を第二とし、自分自身で学ぶことを第三教育と本校では表現しています。生徒たちが生きる21世紀は、小・中・高・大という学校の勉強だけで十分なわけではなく、生涯学び続けることが必要となります。自ら学ぶ姿勢を養う『第三教育』がますます重要になるのです。

そして、本校ではこれらの理念を基本としながら、新しい時代に対応するため、『教養力』、『サイエンス力』、『グローバル力』、『真の学力』、『人間力』の5つの力の育成を柱にしています。そうした教育をまとめて『リベラルアーツ教育』と呼んでいます」と話されました。

高入生にも配慮したカリキュラム編成

市川高には、高校受験を経て入学する高入生と、市川中から進学してくる内進生が在籍していますが、学習の進度が違うため、1年次は別クラス編成です。そこで、高入生が内進生の輪のなかに溶け込み、学校にすばやくなじめるようにと、今年は1年次の5月に高尾山へのハイキングが企画されました。ここではクラスを解体し、高入生、内進生を混ぜたグループが作られます。

ほかにも生徒同士の親睦を深める行事として、「敬和寮入寮研修」があります。市川高のすぐそばにある宿泊施設・敬和寮にクラス全員で泊まり、そこから学校に通います。1年次の4月～11月の間にクラスごとに順番に宿泊し、3泊4日の生活のなかで、仲間とのきずなを深めていきます。

そして、2年次からは高入生・内進生が混合したクラスとなり、各生徒の文系・理系の希望に沿ったクラス編成がなされます。

3年次も希望進路を尊重したクラス編成で、大学入試に特化した「高3ゼミ」が受講できます。小論文について学ぶゼミや医学部受験生用の英語を学ぶゼミなど、多くの生徒の進路希望に対応できるよう、多種多様なゼミがそろっています。

長期休暇中の講習や補習も充実しており、夏休みに行われる夏期講習のほか、夏・冬の休みには3泊4日の勉強合宿が実施されています。希望制の合宿ですが、毎年7～8割の生徒が参加しています。

理系も文系も探究心を養える

2009年度（平成21年度）からSSH（スーパーサイエンスハイスクール）に指定されている市川高は、理系の生徒全員が課題研究に取り組むのが特徴です。そして、大学や博物館をはじめとする多くの研究機関との連携プログラムも盛んに行われています。

「市川サイエンス」と名づけられた課題研究の時間は毎週2時間確保されており、物理・化学・生物・数学のなかからテーマを設定し、各々が研究に励んでいます。研究の成果を発表する場は中間発表会も含めると年に3回もあり、自然とプレゼンテーション能力が高まります。優秀な研究を行った生徒が外部の発表会で研究を披露する機会も年々増えており、市川高のSSHのレベルの高

学校行事

敬和寮での宿泊研修を通じて、クラスの仲が深まります。

敬和寮入寮研修

なずな祭（文化祭）

屋台や喫茶店などのお店や、ステージ発表など、さまざまな催しがあり盛りあがります。

2学期の終業式の日に毎年行われているコンサート。音楽系の部活動が協力してミュージカルなどを披露します。

Thank The Yearコンサート

修学旅行

沖縄への修学旅行では、平和学習や自然観察を行います。

SSH

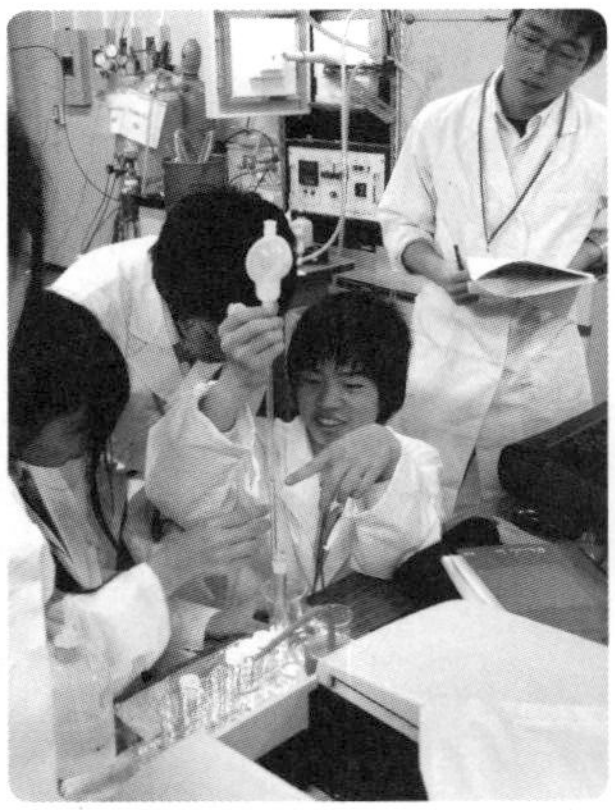

SSHの課題研究ではこのような実験が多く行われています。

部活動

相撲や鹿島神流武道などの珍しい部活動もあり、同好会・愛好会も含めると、部活動の総数は45にものぼります。

国際交流

希望者対象のオックスフォード大への海外研修。

さがうかがえます。

東西の古典（哲学・社会科学）をテキストとして、生徒同士で自由に議論を交わす対話型セミナー「市川アカデメイア」も特徴的な取り組みです。「文系の大学進学をめざす生徒に向けて、ＳＳＨの代わりになるものとして位置づけています」と宮﨑校長先生が語られるように、取り組みを通して教養が深まるとともに、論理的思考やコミュニケーション力も身につきます。

このように理系・文系問わず、探究心が育まれるプログラムが用意されているのも市川高の魅力と言えます。ＳＳＨ、市川アカデメイアは、それぞれ「サイエンス力」「教養力」を養うためにも役立つプログラムです。

グローバル力を鍛える国際交流プログラム

2012年（平成24年）にユネスコスクールに加盟した市川高。いま、一番力を入れて育成しているという「グローバル力」を鍛えるために、国際教育も積極的に取り組んでいます。

希望者を対象としたイギリスのケンブリッジ大、オックスフォード大への海外研修、ニュージーランドへのホームステイと語学研修は、どちらも貴重な体験ができるプログラムです。

また、ＳＳＨではタイのプリンセスチュラボン校との国際交流と、香港科技大学での中国などの学校との研究発表も行っています。

さらに、今年（平成26年）から1年生を対象にした「エンパワーメントプログラム」という新しい取り組みが始まります。

「従来の国際交流プログラムは、費用と期間の問題で、国際交流に興味はあっても、部活動との両立を望む生徒のなかには参加を断念するもの者もいました。そこで、国内で5日間、カリフォルニア大学の学生とともに英語漬けの日々を過ごし、ポジティブな姿勢を学ぶこのプログラムを新たに設けました。」（宮﨑校長先生）

すでに70名もの応募があり、こうしたプログラムを生徒も待ち望んでいたことがわかります。

自分の夢は譲らない「挫折禁止」がスローガン

市川高には、朝7時～夜8時まで開放している自習室、蔵書12万冊を誇る第三教育センターなど、生徒の勉強意欲をあと押しする施設も整っ

学校施設

國枝記念国際ホール

「Thank The Yearコンサート」をはじめとするさまざまなイベントで活用されているホールです。

コミュニティープラザ

学校に入るとまず目に入る広々とした吹き抜けです。▶
左側には高校教室、右側には中学教室があります。

自習室

多くの生徒が閉室時間まで残って勉強しています。

第三教育センター

蔵書12万冊を誇る市川高自慢の「第三教育センター」。センター内は明るく開放的なつくりになっており、自習をする場として利用する生徒の姿も多く見られます。

ています。

宮崎校長先生によると、3年生が「挫折禁止」のスローガンを掲げているそうです。講習・補習や学習施設が充実しているほか、先生方が1人ひとりに手厚いフォローを行うなど、市川高には万全な体制で受験へ臨める環境が整っています。そのため、全力で第1志望をめざしてほしいという思いから生まれたスローガンだと言います。

こうした進路指導は「真の学力」の強化にもつながりますが、「あくまでも、第1志望に受かることは通過点であるので、『第1志望は譲らない』ではなく、『自分の夢は譲らない』という思いを大切にしてほしい」と宮崎校長先生は話されます。

そして、新しい時代に対応するための5つ目の力である「人間力」は、毎日の生活や、行事、部活動などの学校生活全体を通して、多くの仲間と関わるなかで育まれていきます。

そんな市川高ではどんな生徒を待っているのでしょうか。

「生徒たちはたくさんの可能性を秘めていますから、色々なことに挑戦してほしいと思います。固定観念で、自分にはこれが向いていると決めつけてしまわずに、新たなことに挑戦することで、別の可能性を発見できるかもしれません。そして、そのなかで、自分に一番向いていることを見つけてほしい。市川高は、そうした多くのことに挑戦できる環境が整っている学校ですので、それを活かそうとする生徒が来てくれたらいいですね。」（宮崎校長先生）

School Data

所在地 千葉県市川市本北方2-38-1

アクセス 京成線「鬼越駅」徒歩20分、JR線・都営新宿線「本八幡駅」、JR線「市川駅」・「市川大野駅」・「西船橋駅」よりバス

生徒数 男子840名、女子488名

TEL 047-339-2681

URL http://www.ichigaku.ac.jp/

3学期制 週6日制
月～金曜6時限、土曜4時限 50分授業
1学年11クラス 1クラス約40名

2014年度(平成26年度)大学合格実績 （ ）内は既卒

大学名	合格者	大学名	合格者
国公立大学		私立大学	
北海道大	7(3)	早大	166(53)
東北大	9(3)	慶應大	114(29)
筑波大	12(4)	上智大	89(25)
千葉大	23(4)	東京理科大	122(61)
お茶の水女子大	4(0)	国際基督教大	8(3)
東京大	11(4)	青山学院大	40(14)
一橋大	19(3)	中大	42(27)
東京外大	9(0)	法政大	70(35)
東京工大	13(5)	明大	165(56)
東京農工大	6(2)	立教大	92(21)
京都大	2(1)	学習院	23(10)
その他国公立大	51(16)	その他私立大	355(161)
国公立大合計	166(45)	私立大合計	1286(495)

鎌倉学園《かまくらがくえん》高等学校

School Data

所在地
神奈川県鎌倉市山ノ内110

生徒数
男子のみ962名

TEL
0467-22-0994

アクセス
JR横須賀線「北鎌倉駅」徒歩13分

URL
http://www.kamagaku.ac.jp/

丁寧な進学指導で生徒の夢をサポート

1885年（明治18年）、建長寺によって設立された宗学林を前身とする鎌倉学園高等学校（以下、鎌倉学園）。

建長寺の境内に隣接したキャンパスは、緑に囲まれた静かな環境です。2013年（平成25年）から校舎のリニューアル計画が実施され、教育環境が今後さらに充実していきます。

生徒の個性を尊重し「文武両道」をめざす

校訓は「礼義廉恥」です。節度を守る「礼」、自分を実際以上に見せびらかさない「義」、自分の過ちを隠さない「廉」、他人の悪事にひきずられない「恥」、この4つの精神と武士の魂である「質実剛健」、禅の精神である「自主自律」を大切に、「知・徳・体」のバランスの取れた教育を行っています。

そして、鎌倉学園の教育モットーは「文武両道」です。勉強はもちろんのこと、生徒1人ひとりが打ち込めるなにかを見つけ、いましかできないことに挑戦してほしいと考えています。そのために、教員は生徒の個性を大切に、日々の指導にあたっています。

鎌倉学園では、幅広い知識を身につけるために1年次は共通履修で学び、2年次から将来の希望進路によって文系・理数系のコースに分かれます。

文系コースでは主要教科において習熟度別授業が多く実施され、さまざまな選択授業が用意されています。

理数系コースでは、理数系科目を深く学びながら、実践的な応用問題にも取り組んでいきます。

また、全員参加の講習が年3回行われ、学びを深めるための演習形式を中心とした補習も実施されています。

こうした日々の学園生活を送るなかで将来の夢を見つけ、その夢を生徒1人ひとりがかなえるために、学年に応じた進学指導を行っています。

1年次は、「自分を見つめる」をテーマとして、職業調査や文理適性検査などを行い、2年次のコース選択へとつなげていきます。2年次では、大学出張講義や学部・学科適性検査、卒業生による進路フォーラムなどを実施し、どのような学部・学科に進むべきかを具体的に決定します。そして3年次に大学入試説明会を行い、希望の学部・学科へ向けて学力を充実させていきます。

こうした丁寧な進学指導に支えられながら、鎌倉学園の生徒は、学習とクラブ活動の両立に励み、高い合格実績を生み出しています。

鎌倉学園高等学校は、これからも生徒の夢をサポートするための教育を展開していきます。

聖徳大学《せいとくだいがく》附属女子《ふぞくじょし》高等学校

School Data

所在地
千葉県松戸市秋山600

生徒数
女子のみ501名

TEL
047-392-8111

アクセス
北総線「北国分駅」、「秋山駅」徒歩10分

URL
http://www.seitoku.jp/highschool/

豊かな感性と人間性を育む教育

建学の精神に「和」を掲げる聖徳大学附属女子高等学校（以下、聖徳女子）は、「和」の精神に基づいた3つの力、「思いやる力（礼節）」、「かなえる力（知育）」、「助け合う力（勤労）」の育成を重要視しています。そして、この3つの力と豊かな感性、人間性を高めるためのさまざまな取り組みを行っています。

普通科・音楽科とも質の高い教育を実践

聖徳女子には、普通科に特進コースと進学コースが、音楽科には専攻コースと吹奏楽コースがあります。

普通科特進コースは国公立、難関大をめざすコースです。聖徳大をはじめとする私立大への進学を目標にする進学コースは、聖徳大の講義を履修すると単位認定される高大連携授業など、将来を見据えたプログラムが特徴的です。

専攻（作曲・ピアノ・声楽・管弦打楽器・オルガン）、吹奏楽の2つのコースからなる音楽科は、どのコースでも高レベルな音楽教育が展開されています。校内には音楽レッスン室、奏楽堂などの施設も充実しており、恵まれた環境で学習に励めます。

聖徳女子では、豊かな感性を磨き、美しい女性へと成長するために、礼法や書道の授業が組み込まれています。礼法の授業では正しい礼儀作法を、書道の授業では、表現力や集中力を身につけます。そして、3年間の礼法の授業を終えると、卒業時に「小笠原流礼法花鬘伝」が授与されます。

また、聖徳大学川並香順記念講堂では、年間を通じて約30回ものコンサートが開かれています。少なくとも年に3回、鑑賞会が開かれますが、希望者は何回でも無料で鑑賞可能です。演奏者も一流がそろっているため、質の高い本物の芸術に触れることができます。

さらに、豊かな人間性を養うために取り入れているのが、「会食」や「友和班」です。「会食」は生徒や教員が食堂に集まり、全員で昼食をとるという聖徳女子ならではの試みです。「友和班」は中学・高校の枠を越えた縦割りのグループです。毎日の清掃活動をいっしょに行ったり、体育祭では毎年、友和班が団結して参加する「10人11脚」が行われています。こうした取り組みのおかげで学年間の垣根が取り払われ、学校全体は穏やかで伸びのびとした雰囲気に包まれています。

そのほか、聖徳祭や合唱祭など仲間と1つのものを作りあげていく行事を通しても、豊かな人間性は育まれていきます。

このように聖徳女子では豊かな感性と人間性を磨く教育を行い、生徒たちを美しい女性へと成長させていきます。

杉田《すぎた》　勝《まさる》 校長先生

埼玉県立 川《かわ》越《ごえ》女《じょ》子《し》高等学校

女子校

歴史と伝統に培われた環境で「学力の向上」と「人格の陶冶」をめざす

１００年を超える歴史と伝統を受け継ぎながら、スーパーサイエンスハイスクール（ＳＳＨ）に指定され、生徒の科学的興味・関心に応える環境を整えるなど、革新を続ける埼玉県立川越女子高等学校。朝自習や新聞を活用した学習など、独自の取り組みにも注目が集まっています。

歴史と伝統が生きる名門女子校

埼玉県立川越女子高等学校（以下、川越女子）は、１９０６年（明治39年）に設立された川越町立川越高等女学校をはじまりとします。１９１１年（明治44年）、県立に移管されて埼玉県立川越高等女学校と改称され、現在地に移りました。１９４８年（昭和23年）の学制改革で埼玉県立川越女子高等学校となり、今年で１０３周年を迎えています。

川越女子では「目指す学校像」として「『学力の向上』と『人格の陶《とう》冶《や》』を柱として組織的教育活動を展開し、進学実績の向上を図る。生徒が主体的に学ぶ『質の高い授業』の創造に全力で取り組む」と掲げています。

杉田勝校長先生は「本校には『伝統と革新』『自主・自律の精神』『学習と特別活動の両立』という特色があり、100年を超える伝統は先輩から後輩へと代々受け継がれてきました。後輩は先輩から勉強と部活動の両立など、さまざまなことを学びます。それが川越女子のDNAです。

そして、体育祭や紫苑祭は自ら手をあげて集まった生徒で構成される実行委員会が主体となって実施されます。それぞれが与えられた役割と責任を果たせるように教員は温かく見守り、生徒の自主・自律の精神を育てています」と話されました。

教養の基盤作りを重視したカリキュラム

川越女子は2学期制で授業時数を確保しながら、定期考査は3学期制の学校と同じように、年間5回実施しています。「授業が基本」という考えを大切に、定期考査が終わったあとも通常授業を行っています。

カリキュラムは、2年次まで共通履修で学び、3年次にA類型（文系）とB類型（理系）に分かれます。それぞれの類型には、希望進路に沿った選択科目が用意されているので、より高度で専門的な教科・科目を学ぶことができ、あらゆる分野への進路実現が可能となっています。

「生徒には、将来社会に出たときに指導的な役割を担ってほしいと考えています。そのためには、人から尊敬される人間性と幅広い教養を持っていることが必要です。部活動や行事を通じて人間関係が築かれ、そのなかで人格が陶冶されていきます。そして、幅広く学ぶことで教養の基盤作りをしているのです。」（杉田校長先生）

紫苑祭

体育祭

体育祭や紫苑祭《しおんさい》は実行委員会が主体となって運営されます。体育祭では、応援団とは別にチア団が結成され、応援合戦を彩ります。紫苑祭は、SSHの発表や有志によるファッションショーが行われ、毎年約9000人の来場者が訪れます。

毎日「朝自習」を実施 新聞を活用した学習

川越女子の朝は、「朝自習」から始まります。国語・数学・英語を中心に自らの課題に取り組みます。金曜日の朝自習に行われているのは、新聞のスクラップです。

川越女子では、新聞を読む「NIE（Newspaper in Education）」の取り組みが行われ、朝日・毎日・読売・産経・日経・日刊工業・埼玉・東京の8新聞が校内2箇所のNIEコーナーに置かれています。朝日・毎日・読売の各新聞については、すべてのクラスに1部ずつ配られます。

授業では、スクラップした記事について書いた自分の考えを発表します。クラスメイトがどのようなことに関心を持ち、どのような考えを持ったのか、互いに学びあえる環境を整えています。

　学校全体で取り組む朝自習だけでなく、川越女子の生徒は積極的に自習に取り組んでいます。自習室や図書室以外にも、2階の渡り廊下に長机が設置され、自習できるスペースが設けられています。

「渡り廊下のスペースは冷房も暖房もない環境ですが、生徒にはとても人気があります。廊下という人目につく場所で勉強するということは、きちんと成果を出すと宣言しているようなものです。どの生徒も集中して勉強しています。そして憧れの先輩が勉強していた席で自分も勉強して同じ大学をめざすと意識を高めているようです。」（杉田校長先生）

SSHの指定が継続　多彩なプログラム

　川越女子は2010年（平成23年）から2015年（平成27年）の5年間、スーパーサイエンスハイスクール（SSH）に継続指定されています。入学前の説明会で希望がとられ、普通クラスとは別にSSHクラスが1クラス設置されます。

　SSHクラスにはSSG1とSSG2の2つのタイプの生徒がおり、1年次に「科学研究Ⅰ」、2年次に「科学研究Ⅱ」という科目が設定されています。SSG1の生徒は、自ら研究課題を設定し、授業時間内だけでなく、放課後も研究活動に取り組み、全国発表をめざします。SSG2の生徒は、教員から与えられた課題をもとに、授業時間内で研究を行い、校内発表をします。

　SSHクラスは、2年次までクラス替えはなく、3年次から普通クラスの生徒とともにA類型・B類型に分かれます。3年次でも研究及び発表などの活動は継続され、3年間を通じて課題研究に取り組みます。

　また、川越女子では普通クラスの生徒を対象としたSSHのプログラムも豊富に用意されています。

「本校は以前から理系教育に力を入れてきましたので、普通クラスの生徒も希望すればさまざまなSSHの行事に参加することができます。埼玉県立川越高校と合同で行う地学実習や大学教授による出張講義、ほかにも英語プレゼン講座やオーストラリアのケンモア高校との交流など、多彩なプログラムがあります。」（杉田校長先生）

NIEコーナー

川越女子では、新聞を読む「NIE」の取り組みが行われ、NIEコーナーには8種類の新聞が置かれ、自由に読むことができます。

SSH掲示板

SSHに関するイベントや講座などのチラシを掲示して紹介しています。

明治記念館

校内には川越市の文化財に指定された「明治記念館」があります。廊下の床板は明治時代からのもので、生徒が毎日雑巾がけをして大切に使っています。趣ある和室からは中庭を眺めることができます。

洋室

外観

和室

中庭

成長段階に合わせた指導　希望進路の実現を支援

　進路指導は、成長段階に合わせた

プログラムを用意し、3年間を見通した指導が展開されています。

「職業の研究」（1年生）では、興味・関心のある職業について、書物で調べるだけでなく、実際に働いている方から話を聞きレポートを作成しています。「文化レポート」（1年生）は、博物館・美術館・劇場などの文化施設へ行って作品を鑑賞し、レポートにまとめることで豊かな人間性の形成に役立てています。「学部学科研究」（1・2年生）は、大学選択にあたって、自らの学問的関心をしっかり見極めるためのものです。ほかにも、卒業生による「進路懇談会」や「進学懇談会」が実施されています。

そして、『学習と進路のしおり（上・下巻）』という冊子が配られ、進路実現に向けてのさまざまなアドバイス・情報が提供されています。校内作成の実力テストや校外模試などで生徒の学力を把握しながら、第1希望の大学への合格をめざしたきめ細かな進学指導が行き届いています。

このような歴史と伝統に培われた教育環境が整えられている川越女子高等学校では、どのような生徒さんを待っているのでしょうか。

杉田校長先生は「生徒たちには、失敗を恐れずに、高い志を持ち、目標に向かって行動を起こしていくことが大事だと話しています。

本校には、なにごとにも積極的に打って出るような生徒さんに来ていただきたいと思っています」と語られました。

学校生活

朝や放課後の時間を有効に使いながら、多くの生徒が学習と部活動の両立に励んでいます。廊下には長机が置かれ、自習をすることができます。

自習風景

マンドリン部

授業風景

修学旅行

昨年度までは京都・広島へ行っていました。今年度は沖縄へ行く予定です。

School Data

所在地	埼玉県川越市六軒町1-23
アクセス	東武東上線「川越市駅」徒歩5分、西武新宿線「本川越駅」徒歩8分
TEL	049-222-3511
生徒数	女子のみ1141名
URL	http://www.kawagoejoshi-h.spec.ed.jp/

✣2学期制　✣週5日制（土曜授業年間13回）
✣65分授業　✣月曜～金曜5時限、土曜3時限
✣1・2年生9クラス、3年生10クラス
✣1クラス40名

2014年度（平成26年度）大学合格実績（ ）内は既卒

大学名	合格者	大学名	合格者
国公立大学		私立大学	
筑波大	7(0)	早大	55(13)
千葉大	4(0)	慶應大	5(1)
お茶の水女子大	4(0)	上智大	13(3)
東京大	4(3)	東京理科大	27(16)
東京医科歯科大	4(0)	青山学院大	20 (1)
東京外大	10(1)	中央大	28(14)
東京学芸大	4(2)	法政大	58(9)
東京工大	2(2)	明治大	70(14)
東京農工大	6(2)	立教大	110(11)
一橋大	1(0)	学習院大	14(2)
横浜国立大	2(1)	国際基督教大(ICU)	2(0)
京都大	1(1)	津田塾大	29(4)
その他国公立大	48(6)	その他私立大	661(62)
計	97(18)	計	1092(150)

和田式 教育的指導

めざせレベルアップ！夏休みの勉強の成果は計画の立て方で変わります

もうすぐ夏休み。受験勉強の計画はできていますか。自由に使える時間の多い夏休みには、あれもこれもできそうな気になりますが、やれることには限りがあるので気をつけましょう。有意義に過ごすためのポイントを学び、自分に合った夏休みの使い方を考えてください。

夏休みの勉強計画 詰め込みすぎは禁物

いよいよ夏休みが始まります。受験勉強に取り組む時間を多く取れる夏休みを活用して、レベルアップをめざしましょう。今回は、夏休みの勉強計画を立てる際のポイントをお話しします。学校がない夏休みは、朝起きてから夜寝るまで、自分の決めたスケジュールで過ごさなければなりません。つまり、夏休みを有意義に過ごすことができるかは、自分に合った勉強計画を立てられるかどうかで決まります。

まず大切なのは、無理な計画は立てないこと。勉強に時間をかけられると思うと、「たくさんの量の課題をこなして実力をつけよう」、「国語・数学・英語・社会・理科、すべての教科をやろう」、「1日15時間勉強しよう」というような欲張りな計画を立ててしまいがちです。

しかし、夏休みとはいえ、勉強できる量は限られています。無茶な計画を立てても、後々計画倒れすることは明らかです。詰め込みすぎて自滅することのないように気をつけてください。

もし計画通りにいかず、できなかった部分が出たとしても、「1週間のうち1日は復習にあてる」というふうに、定期的に調整できる時間を設けることもポイントです。余裕をもって、実行可能な計画を作っておけば、焦らなくて済むでしょう。

また、忘れてはならないのは、食事や睡眠の時間はもちろん、リフレ

和田先生のお悩み解決アドバイス!!

Question

勉強と部活動を両立させる秘訣は?

Answer

やりたいことを我慢すれば両立は決して難しくない

勉強と部活動の両立は、それほど難しくないと思います。ではなぜ両立ができないかというと、それ以外のやりたいことに時間を使っているからです。「テレビを見たい」、「ゲームで遊びたい」、「マンガを読みたい」というような気持ちを我慢することはできていますか？　1日の時間は限られています。やりたいことすべてをやろうとするのであれば、両立は難しいでしょう。勉強もしたい、でも部活動も手を抜けない、というのであれば、それ以外の楽しいことを我慢して、2つのことに集中すればいいのです。これが両立の秘訣です。いま現在、両立を難しく感じている人は、自分の毎日の生活を振り返って、我慢すべき部分はどこかを探してみましょう。

また、勉強と部活動の両立は大変かもしれませんが、ほとんどの場合中3の夏休みごろで引退となりますから、永遠に続くわけではありません。「いまは頑張って両立させて、引退したら受験勉強に集中しよう！」という意気込みで臨みましょう。

Hideki Wada

和田秀樹

1960年大阪府生まれ。東京大学医学部卒、東京大学医学部附属病院精神神経科助手、アメリカのカールメニンガー精神医学校国際フェローを経て、現在は川崎幸病院精神科顧問、国際医療福祉大学大学院教授、緑鐵受験指導ゼミナール代表を務める。心理学を児童教育、受験教育に活用し、独自の理論と実践で知られる。著書には『和田式　勉強のやる気をつくる本』（学研教育出版）『中学生の正しい勉強法』（瀬谷出版）『難関校に合格する人の共通点』（共著、東京書籍）など多数。初監督作品の映画「受験のシンデレラ」がモナコ国際映画祭グランプリ受賞。

ッシュする時間もしっかりと取るように心がけることです。1週間のうち、1日か半日はリフレッシュできる時間を設けるのもいいと思います。緩急を織り交ぜて、自分だけの夏休みにしてください。

夏休みを活用し集中力を育成

夏休みに取り組む課題を決める際には、自分がいま一番やるべきものはなんなのか、実力を伸ばすために取り組むべき分野はどこなのかをきちんと見据え、優先順位をつけることが大切です。例えば、英語が苦手なら、「英語の単語を1000語覚えよう」といった最優先にするべき具体的な目標を作ってみましょう。

また、ぜひ取り組んでほしいことに、集中力をつける訓練があります。集中力といっても、何時間も持続するような驚異的なものではなく、60~90分程度のものでいいのです。

高校受験では、1科目の試験時間が60~90分の長さで行われています。ですから、その長さに合わせた集中力が求められるのです。

夏休みに勉強をするときには、90分ごとに休憩時間を入れるといった、「1コマ90分」というやり方をしてみましょう。繰り返すことによって、次第に90分間集中することに頭と身体が慣れてくるはずです。夏休みに集中力を鍛えておくことは、より受験本番を意識した勉強に入っていく2学期以降からの学習効果をさらにあげることとなるでしょう。

自分に合った勉強計画のもとで、悔いのない夏休みにしてください。

※このページは33ページから読んでください。

は7人だ。

図を使わずに、計算だけで考えてみよう。

ア．最初は、⑮の右には⑯⑰の2人がいる。

$17 - 15 = 2$

イ．3番目の子どもにアメを配るのだから、15番目の子どもに配るのは5回目だ。

$15 \div 3 = 5$

ウ．5回配るということは5人に配るということだ。この5人は、飴をもらったら、列の一番右に並び直す。つまり、⑯⑰の後ろに5人が並び直す。

$2 + 5 = 7$

ア～ウから、$(17 - 15) + (15 \div 3) = 7$という計算で、答えが出るとわかるだろう。

解答　(1)　7人

(2)　$n = 17$のとき，Kの値を求めなさい。

次は(2)だ。Kは「一番多くのアメをもらった子どものアメの数」だね。

(1)の図の続きは以下のようになる。

左　①②④⑤⑦⑧⑩⑪⑬⑭⑯⑰　⑥⑨⑫⑮③　右…G

△

左　①②④⑤⑦⑧⑩⑪⑬⑭⑯⑰⑥⑨　⑮③⑫　右…H

△

左　①②④⑤⑦⑧⑩⑪⑬⑭⑯⑰⑥⑨⑮③　⑫　右…I

△

Iでアメ配りは終わる。先生の右には子どもが1人（＝⑫）しかいないからだ。2人以下になったら終わるという条件だったね。

B～Iでアメを配った回数は8回で、アメをもらった子どもは③⑥⑨⑫⑮、そのあと再び③⑫⑫がもらった。まとめると、⑥⑨⑮が1回ずつ（1個ずつ）、③は2個、⑫が3個で、$K = 3$だ。このように、図を用いるとわかりやすいだろう。ただ数学の得意な人たちは問題文にある（例）を利用して解くだろう。

問題文の（例）を読み直してみよう。すると、「この例の場合」は「$K = 2$である」と明記されている。「この例」というのは$n = 7$の場合だね。子どもが7人の場合、一番アメをもらうのは⑥で、2個もらうことになるんだ。

さて、⑮にアメを配ったあと、先生の右には⑯⑰③⑥⑨⑫⑮の7人がいる（図のF参照）。この7人に再びアメを配るのは、じつは（例）と同じだ。

例　①②③④⑤⑥⑦　⑥が2個

↑↓

(1)　⑯⑰③⑥⑨⑫⑮　⑫が2個

(1)では、はじめに③⑥⑨⑫⑮が1個ずつアメをもらっている。⑫はその後に（例）の⑥と同じように2個もらう。だから、⑫は3個もらうことになる。やはり$K = 3$だ。

解答　(2)　$K = 3$

(3)　$n = 49$のとき，Kの値を求めなさい。

だんだん難しくなるが、(3)を解こう。

まず、49人を3で割る。

$49 \div 3 = 16 \cdots 1$

これはこういうことだ。最初に③の子どもからアメを配り始めて、16回繰り返され、1人（＝㊾）残る。

言いかえると、まずアメ配りは㊽の子どもまで続く。3の倍数である③⑥⑨⑫⑮⑱㉑㉔㉗㉚㉝㊱㊴㊷㊺㊽の16人に1個ずつ配られる。

その16人の子どもは、アメを1個もらったあとにすぐ㊾の右に並び直す。ということは、そのとき先生の右には㊾③⑥⑨⑫⑮⑱㉑㉔㉗㉚㉝㊱㊴㊷㊺㊽の17人が並んでいる、ということだ。つまり$n = 17$だ。この17人にアメを配るのは、問い(1)(2)と同じだね。

問い(2)で$K = 3$だともうわかっている。その3個という数値に「③⑥⑨⑫⑮⑱㉑㉔㉗㉚㉝㊱㊴㊷㊺㊽までの16人に1個ずつ」という「1個」を加えると4個になる。$K = 1 + 3$というわけだ。

問い(3)の答えを、図を書かずに出せる人は、胸を張って数学のセンスが優れていると言っていいぞ。

解答　(3)　$K = 4$

編集部より

正尾佐先生へのご要望、ご質問はこちらまで！

FAX：03-5939-6014　e-mail：success15@g-ap.com

※高校受験指南書質問コーナー宛と明記してください。

※このページは33ページから読んでください。

左　①②　④⑤　⑦③⑥　右

⟶　⟶　△

⟶　⟶がどういうことか、その意味がよくわからない人もいるだろう。この矢印「⟶」は「先生＝△」の動きを表しているんだね。

と説明しても、まだわかりにくいかもしれない。このような文章題で、問題文の意味がわかりにくいときはどうするか。無理にそのまま理解しようとしないで、自分の力でわかるように、文章を細かく分けてゆっくりと考えてみることだ。

(i)は「先生の右には７人の子どもが並んでいる」という簡単な文だが、念のために図示しよう。

左　①②③④⑤⑥⑦　右

△

(i)はさておき、(ii)がわかりにくく、おまけに長い。そういうときは、いくつかに区切って考えてみるとよい。

「まず，③からアメをもらい，一番右に並び直す」というのは、『まず（最初に），③（の子ども）から（アメ配りが始まる。③の子どもが先生から）アメをもらい，（すぐに列の）一番右に並び直す』という意味だ。

これを順に図にすると、まず先生が③の前に立ってアメを③に与える。

左　①②③④⑤⑥⑦　右

△

③はアメをもらって⑦の次に並ぶ。

左　①②　④⑤⑥⑦③　右

△

ここで読み落としてならないのは、問題文の初めの方に書かれている「次に先生は，配った子どもの次の子どもを１番目として，その子どもから数えて３番目の子どもにアメを配り」という部分だ。

③に配った後は、④が「１番目」になる。その④から数えて「３番目」は⑥だ。図にすると、以下のようになる。

左　①②　④⑤⑥⑦③　右

1　2　3

△

(ii)の続きの「次に⑥がアメをもらい，一番右に並び直す」というのは、もうわかるね。図にするとこうだ。

左　①②④⑤　⑦③⑥　右

1　2　3

△

「このとき先生の右には３人の子どもが並んでいる」。

この図を見ると△の右に⑦③⑥が並んでいる。

今度は⑦が「１番目」、③が「２番目」、⑥が「３番目」になる。

左　①②④⑤　⑦③⑥　右

1　2　3

△

上の図を見ればわかるように、３番目の⑥はアメをもらえるけれど、一番右にいるから「並び直す」といっても、実際は同じところのままだ。

ここまでわかったなら、(iii)を読もう。「⑥が２つ目のアメをもらい，右に並び直す」。

左　①②④⑤⑦③　⑥　右

△

「ここで，先生より右に並んでいる子どもが２人以下になったため，先生はアメを配り終える」。その通りだね。⑥しかいない。さあ、これで問題文の意味がわかっただろう。では、いよいよ問いを解くことにしよう。

(1)　n = 17 のとき，左から 15 番目の子どもに先生がアメを配り，その子どもが一番右に並び直した。この時点で，先生の右に並んでいる子どもの人数を求めなさい。

(1)は子どもが 17 人並んでいる場合だ。わかりやすくするために図示しよう。スタートはこうだ。

左　①②③④⑤⑥⑦⑧⑨⑩⑪⑫⑬⑭⑮⑯⑰　右…A

△

３番目の子どもにアメを配り続けると、以下のようになる。

左　①②　④⑤⑥⑦⑧⑨⑩⑪⑫⑬⑭⑮⑯⑰③　右…B

△

左　①②④⑤　⑦⑧⑨⑩⑪⑫⑬⑭⑮⑯⑰③⑥　右…C

△

左　①②④⑤⑦⑧　⑩⑪⑫⑬⑭⑮⑯⑰③⑥⑨　右…D

△

左　①②④⑤⑦⑧⑩⑪　⑬⑭⑮⑯⑰③⑥⑨⑫　右…E

△

左　①②④⑤⑦⑧⑩⑪⑬⑭　⑯⑰③⑥⑨⑫⑮　右…F

△

Fで、「左から 15 番目の子どもに先生がアメを配り，その子どもが一番右に並び直した」状態になった。このとき（＝この時点で）「先生の右に並んでいる子どもの人数」

教育評論家　正尾 佐の

高校受験指南書

【九拾弐の巻】

今年出た おもしろい問題１

数学

今月号から「今年出たおもしろい問題」を３カ月続けよう。

まず最初は数学だ。「おもしろい」といっても、言葉を扱う英語や国語と違って、数学はニコニコしたくなったり、ゲラゲラ笑いたくなるような問題は出ない。

そういうわけで、中学生には「おもしろい」といえないかもしれないが、先生が子どもたちにアメを配るという設定がほほえましいので、専大附属の問題を取りあげよう。

n 人の子どもが，先生から見て左から右に横一列に並んでいる。まず先生は，左から数えて３番目の子どもにアメを配り，もらった子どもは一番右に並び直す。次に先生は，配った子どもの次の子どもを１番目として，その子どもから数えて３番目の子どもにアメを配り，もらった子どもは一番右に並び直す。この作業を繰り返し，先生より右に並んでいる子どもが２人以下になったときにアメを配り終える。

このとき，一番多くのアメをもらった子どものアメの数を K とする。

（例） $n = 7$ のとき，先生と子どもの動きは次の(i)～(iii)のようになる。ただし，①～⑦は子どもを，△は先生を表す。

(i)　先生の右には７人の子どもが並んでいる。

左　①②③④⑤⑥⑦　右

△

(ii)　まず，③からアメをもらい，一番右に並び直す。次に⑥がアメをもらい，一番右に並び直す。このとき先生の右には３人の子どもが並んでいる。

左　①②　④⑤　⑦③⑥　右

⟶　⟶　△

(iii)　⑥が２つ目のアメをもらい，右に並び直す。ここで，先生より右に並んでいる子どもが２人以下になったため，先生はアメを配り終える。

左　①②　④⑤　⑦③　⑥　右

⟶　△

この例の場合，子どもがもらったアメの数は⑥が２個，③が１個，その他の子どもが０個である。したがって，このとき $K = 2$ である。

次の各問いに答えなさい。

(1)　$n = 17$ のとき，左から 15 番目の子どもに先生がアメを配り，その子どもが一番右に並び直した。この時点で，先生の右に並んでいる子どもの人数を求めなさい。

(2)　$n = 17$ のとき，K の値を求めなさい。

(3)　$n = 49$ のとき，K の値を求めなさい。

(4)（省略）

「先生がアメだって？　こんなことは実際にはあるのかなぁ？」なんて考えずに、さっそく問題に取り組んでみよう。

出題者はずいぶんと丁寧に説明している。けれども、「わかりにくいなぁ」と思う人の方が多いだろう。一番わかりにくいのは、(ii)の図だろう。

WASE-ACA TEACHERS

宇津城センセの受験よもやま話

子どもたちの性格、行動の傾向変化について

宇津城 靖人先生

早稲田アカデミー　神奈川第二ブロック　ブロック長
兼 センター北校校長

「最近の若いやつは」とか「ゆとり世代は」などと、次世代の人々を十把ひとからげに批判することがいけないことだとわかっている。自分自身も「最近の若いやつは」と同じセリフで批判や非難を受けてきたから、それがその世代のステレオタイプだと決めつけられることへの抵抗感があった。

しかしながら、自分が年齢を重ねると、自分よりも上の世代が「若いやつは」と言いたくなる気持ちが理解できるようになってきた。年齢とともに洞察する力や分析する能力が向上し、下の世代の考えていることや、志向性をよりはっきりと感じ取ることができ、さらにその真意や論理に多少の甘さがあり、短絡的であり、こらえ性がないものであることを見抜けてしまう。

さらに対象が違っていても、そこには一定の共通項や、類似点が存在するため、それを若い世代の「傾向」としてとらえることができるからである。

教育の現場にいる我々にとって対象となる「若い世代」とは、すなわち子どもたちである。今回は子どもたちの質の変化や傾向の変化について感じることを述べてみたいと思う。

イイ子が増えた若い世代

10年以上の経験から強く感じるのは、子どもたちはどんどん「イイ子化」しているということである。

昔は大人に対する嫌悪が強いために、我々大人の指示には絶対に従わないという意思を持った生徒が一定数以上存在していた。そういう生徒とは、まずは自分を信用してもらえるように対話や対応を通じて、時間を共有していく必要があった。

なかなかこちらの気持ちが通じず、本当にわかりあえるようになるまでにとても長い年月をともにする必要があるケースもあった。こちらの言うことに反発し、なんとかこちらの目を逃れて小さなレジスタンスを試みたりするのである。いまではあまり聞かないような事件や出来事があったものである。

いわゆる非行と呼ばれるような行動をとる生徒たちは、一見すると問題児であるわけだが、その本質や人間性そのものに問題があることは少なかった。本当に心を通わせるようになると、その優しさや悲しさ、悩みの苦しさを共感できるようになるケースがほとんどである。次第に心を開き、その善性に触れると、本当に魅力的な人間性をこちらに見せてくれるものだった。

彼らは怒りや悲しみから誤った方向に費やしていたエネルギーを正しい方向へ使えるようになり、自らの未来を情熱的に切り拓いていった。それ以前が「やんちゃ」であればあるほど、強さやエネルギーに満ちていて、大きな成功をつかんでいくことが多かったのである。

一方で最近は、上述のような「やんちゃ」という生徒は皆無に近くなってきた。塾に通ってくる生徒の層や対象が変化してきたということも原因の一部であるだろうが、子どもたちの質が変化してきていることも一方で事実であろう。生徒たちは大人側の提示したフレームからはみ出ることが少ない。こちらの言うことは聞く、指示を守るということができる、いわゆる「イイ子」が大半となってきている。フレームからはみ出ることは「カッコ悪い」ことであり、「ムダ」なことだと考えている。

そして、表向きだけでも指示に従う方が、波風は立たないとわかっているのでそうしている生徒が多い。「ムダなことはしない」「面倒事は避けたい」という志向に基づいて行動する「消極的イイ子」である。

こういう生徒を指導するときは、その生徒の本質を見極めるのが難しい。対話によりこちらの真意や情熱をぶつけてみても、表面上は共感ができて、わかりあえたようなふりをするが、それはふりであって決して心からの承服や承認ではないので、行動が伴わない。反発することもなく従順にしているが、心からの共感や共有ができていないので、エネルギーを発現して行動することが少ない。真意や本音を見せてくれることがなかなかないのである。

すべてにおいて「スマートに」「ムダを省いた」ことがカッコいいという価値観である。泥臭い、情熱的なことを嫌う傾向が見て取れる。従順で、感化されやすいがそのぶん冷めるのも早い。心の奥底から理解することが難しい。やんちゃもしないぶん、エネルギーも乏しいというケースが多いように思えるのである。

周りを気にして心を開けない

生徒から人間関係について相談を受けることも数多くあるが、昔と違って最近多いのは「他人から避けられている」「嫌がらせをされる」というものである。昔は「○○とケンカしちゃったんだけど」「××と仲良くするには」という相談が多かった。つまりは昔は①まずはぶつかってみる、②そのあとどうしたら修復できるか、という相談であったのだが、最近は①直接ぶつからないが、婉曲的に嫌がらせをされる、②嫌がらせを避けるにはどうしたらよいか、という相談に質が変化しているのである。

彼らはケンカをしない。言い争い、感情をぶつけあい、ときにはなぐりあったりということをしない。代わりにSNS上で批判したり、情報を1人だけ伝えなかったり、聞こえるように嫌味を言ったりという直接対決を避けた戦い方をする。より陰湿であると言ってよいだろう。

そうした脅威から身を守るには、周りの人間から敵意をもたれないように振る舞うことが一番の防御策となる。だから彼らは、人から（とくに上記のような悪意ある行動を平気でとれる人間から）悪く見えないように取り繕うことに神経を注いで暮らしているのである。自分に素直に本当の気持ちを表現することは、自らを危険にさらす行為であり、慎むべきことだと考えている。

私はこういう子どもたちを「翼の折れたエンジェル」だと思っている。めだつこと、活躍すること、賞賛を集めることは自己顕示欲を満たしてくれる魅力的なことであるとわかってはいるのだが、それ以上に敵意を向けられる危険性をはらんだことであるという認識から、それを避けるのである。

結果として情熱的に、積極的に行動することを、前向きに先頭に立って行動することを避ける傾向にある。やっかみや、嫉妬のせいで、自分の心を開けない。ネガティブに足を引っ張り合い、ポジティブな人間を批判していく。

いまの世代の子どもたちにアドバイスすること

悩んだ生徒たちによく相談を受けるが、いつも尋ねるのは「結局、あなたはどうしたいのか？」ということである。人間関係に悩む生徒たちは、自分が他人から拒絶されること、他人とぶつかることを極端に恐れるあまり、焦点が「どうしたら拒絶されないか」「どうしたらぶつからないか」に向いてしまいがちである。

それは「他人をどうやって満足させるか」という視点でしかなく「自分がどうしたら満足できるか」ではない。行動の規範のなかに「自分」が存在しなくなってしまう。これは裏返すと「本当の自分を、他人は受け入れられない」と判断していることになり、「どうせあいつにはわからない」「別にわかってもらえなくてもいい」と他者を完全に分断して、諦めてしまうことと同義だ。つまりは他人を軽視している。本当に思っていることをぶつけることが誠意であり、愛情であるということがわからないため、表面上どう取り繕ったらうまく立ち回れるか、どうトラブルを回避したらよいかしか考えない。

そんな生徒たちにアドバイスをするならば、「本当の自分を見せなさい」「自分の思っていることを言葉にしてみなさい」ということだ。言わないでわかってもらおう、言わないで気づいてもらおうとするのは他人に対する傲慢《ごうまん》さ以外のなにものでもない。キチンと考えや気持ちを言葉にして伝えて、初めてそこに誠実さが生まれる。伝えてみて、それでもわかってもらえないときに、次のことをまた考えればいい。

伝えてもみないで「きっとわかってもらえないだろう」と決めつけ、それを避けて終わらせようとするのは不誠実だと理解してほしいのである。

WASE-ACA TEACHERS

東大入試突破への現国の習慣

国語

潜在能力は無限大?!
自分で自分に挑戦し続けよう。

田《た》中《なか》 利《とし》周《かね》先生
早稲田アカデミー教務企画顧問

東京大学文学部卒。東京大学大学院人文科学研究科修士課程修了。
文教委員会委員。現国や日本史などの受験参考書の著作も多数。

慇・懃・無・礼?!
今月のオトナの四字熟語
「味方千人」

文字通り「自分には味方が千人いる!」という意味を表す四字熟語ですが、言い回しとしてはこの後「敵千人」と続くところがポイントになります。「味方千人、敵千人」。意味合いとしては「味方が千人いれば敵も千人いる。人は誰でも、味方を持っていれば敵も持っているもので、一人の味方もなく一人の敵もないなどという人はいない」ということになります。人生訓(人間の生き方についての教え)として受けとめられている言葉ですね。何かの故事に由来した「故事成語」かと思ったのですが、特にいわれとなるような出来事は見当たりませんでした。昔から語り継がれた「ことわざ」だと言えるでしょう。中学生の皆さんには、あまり馴染みのない「ことわざ」ですよね。オトナの四字熟語として、紹介する価値が十分にある言葉だと思いますよ。

筆者自身、この「味方千人、敵千人」というフレーズは、政治家生活三十年という先輩から教えてもらうまで、知りませんでした。「自分の名前を投票用紙に書いてもらう」という選抜選挙を、三十年間無敗でくぐり抜けてきた先輩です。皆さんの中にも、某国民的アイドルグループの「選抜総選挙」を、テレビ中継を通じて、あるいはニュース等でご覧になった方がいるかと思いますが、数多《あまた》いる候補者の中から、不特定多数のファンによって「この人しかいない!」と推《お》された人物だけがスピーチを披露するという、毎年恒例となっているイベントですね。単純に見える人気投票という行動が、いかに複雑な要素をふくんだ大変なものであるか。「圏内」に誰が入るのかという予想が困難を極めることからも、その難しさが分かるというものです。でも、本当の難しさ、その厳しさは、「候補者」になってみなければ分からないと思いますよ(笑)。

「握手会」という公開イベントについても報道されていましたが、事件が起きてニュースになっていましたね。ちなみに、「選挙の神様」と呼ばれた田中角栄元総理は次のようにおっしゃっていました。「有権者と握手した数しか票は増えない!」とね。そのことをふまえた「握手会」なのでしょうか?

閑話休題。「味方千人」についてです。選挙において安定した強さを保ち続ける先輩に、ぶっちゃけ聞いてみたのですよ。「どうやって三十年間も変わらぬ人気を維持し続けることができたのですか?」って。そうしたら返ってきた答えが「味方千人、敵千人」だったワケです。

「敵を作らずに誰からも好かれようとすると、結局誰からも好かれない。たくさんの人に好かれるためには、嫌う人がたくさん現れることを怖れてはいけない。」人気者であろうとすると、かえって人から一票を託されなくなるという現実を知り尽くした、先輩からのするどい一言でした。「自分を支持してくれる人」をターゲットにするということは、ある意味で「絞り込み＝切り捨て」を行うということでもあるのです。切り捨てをしなければ、照準はどこにも合わせられないですから。でもこれは勇気がいりますよね。誰に対しても「いい顔」を人はしたいものです。でも、次のようにも考えなくてはなりません。「何事かを成すとき、全ての人から賞賛されることなどありえない」と。そのときの判断の基準として、支持する人が千人、支持しない人が千人。このあたりが落としどころだ、ということになるのです。

「千人なんて、多すぎる！」と皆さんは思うかもしれませんね。中学校の全校生徒を相手にしても足りないくらいでしょうから。でもこう考えてください。味方が一人いれば、敵も一人いるものだと。逆に、敵が一人いるならば、味方も必ず一人いるはずだと。全校生徒千人が敵ならば（笑）、別の学校に千人の味方がいるものだ！ ということです。人間関係がうまくいかずに悩んだ時などは、「味方千人、敵千人」って、つぶやいてみると心が落ち着きますよ。ぜひ試してみてくださいね！

グレーゾーンに照準！ 今月のオトナの言い回し「たかをくくる」

「その程度だろうと安易に予測する。大したことはないと見くびる」という意味の慣用表現ですね。さて、唐突に問題です！「たかをくくる」の「たか」を、漢字で書くとどうなるでしょうか？ 優秀な皆さんには簡単すぎる問題でしたね。そう「鷹をくくる」…違いますよ。猛禽類をくくりつけるなんて、「大したことはない」どころではありませんよね。

そうそう「多寡をくくる」です…難しい熟語で攻めてきましたね。「多いか少ないか」を熟語で言うと「多寡」になります。でも違いますよ。正解は「高をくくる」です。小学校二年生で習う簡単な漢字でしたね。この場合の「高」の意味は「収穫高」といえばわかりやすいでしょうか、分量のことです。「くくる」はひとまとめにすること。「石高（こくだか）」によって国力が表されていた時代をイメージしてください。今でいえばGDP（国内総生産）によって各国の経済力を比較するようなものですね。相手のポテンシャルはこんなものだろうと、低く見積もることを「高をくくる」と言ったわけです。かつて世界第二位の経済大国であった日本ですが、現在のGDPランキングでは世界第三位、さらに未来を予測したランキングでは順位を下げるとも指摘されています。勝手に高をくくるな！ と言いたいところですが、むしろ自らを省みて「自分で自分に高をくくっていないか？」と問いかけたいですね。日本のポテンシャルはこんなものではない！ と。これに関して興味深い実験があります。

皆さんは〝ノミの実験〟というのをご存じでしょうか。ノミというのは体長数ミリのあの虫です。そんなノミですが、実は素晴らしい身体能力の持ち主なのです。もし、ノミが人間と同じ大きさ程もあったとしたならば、東京タワーを飛び越えられる跳躍力があることになるというのです。筆者も子どもの頃読んだ学習漫画の中にあった「東京タワーを飛び越えてみせる小学生」という一コマをよく覚えています。「もしノミが人間だったら」という仮定の話でした。さて、そのノミを小さな箱の中に入れてやるとします。当然ノミは飛び上がりますよね。けれども上の壁に体を打ちつけて、箱から出ることはかないません。何度も何度も繰り返すうちに、ノミは諦めて手加減をして飛ぶようになってしまいます。そう、体をぶつけないようにですね。その後、箱の蓋を取ったとします。ひと飛びすれば、箱の外に飛び出すことのできる環境です。しかしながら、一度諦めて手加減をして飛ぶことを覚えたノミは、二度と箱の中から外へ出ることはできないという…なんとも示唆にとんだ有名な実験があるのです。誰がおこなった実験なのか知りませんが（笑）。

「自分で限界を決めるな！」これはサッカーワールドカップ日本代表のエース、本田圭佑選手が常々口にしている言葉です。高をくくってくる相手に対して「こんなものじゃない！」と反発することを意味しているのではありません。「限界を自分で決めるな、自分を越えろ！」と叫んでいるのです。自分のポテンシャルにかけること。自分で自分の高をくくってはならない、といましめているのです。

「将来の夢」と題する小学校の卒業文集で「ぼくは大人になったら、世界一のサッカー選手になりたいと言うよりなる」と宣言していた本田選手です。「前に進む力は、自分にしかコントロールできない！」ということを教えてくれます。「夢を持て、夢を実現するために行動して」。本田選手の言葉を受け継ぐのは、皆さんですよ！

＜解き方＞

(1)　△APQで、仮定より、∠AQP＝90°、∠PAQ＝$(60-a)$°だから、

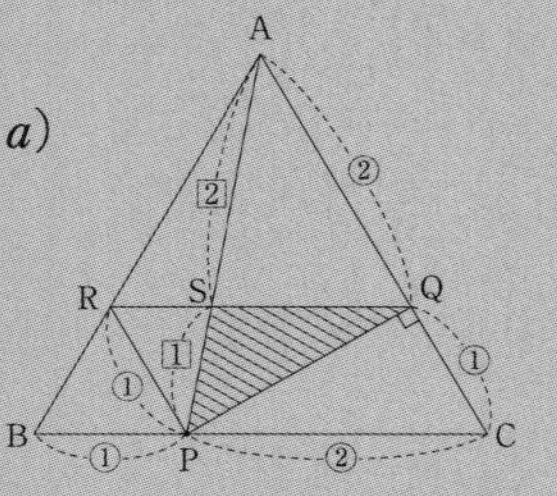

∠APQ＝180－90－$(60-a)$

＝$(a+30)$°

(2)①〔証明〕

△PSRと△ASQにおいて、

対頂角は等しいから、

∠PSR＝∠ASQ　……………………（ア）

RP//AQより、平行線の錯角は等しいから、

∠RPS＝∠QAS　……………………（イ）

（ア）、（イ）より、2組の角がそれぞれ等しいから、

△PSR∽△ASQ

②　△PCQは、三角定規の形だからPC：CQ＝2：1

よって、CQ：QA＝1：2

また、△BPRは正三角形になるから、BP＝PR

さらに、①より△PSR∽△ASQだから、PS：AS＝PR：AQ＝1：2

以上より、高さの等しい三角形の面積は底辺に比例するので、

△PQS＝$\frac{1}{3}$△PQA＝$\frac{1}{3}\times\frac{2}{3}$△PCA

＝$\frac{1}{3}\times\frac{2}{3}\times\frac{2}{3}$△ABC＝$\frac{4}{27}$△ABC

よって、△PQSの面積は△ABCの面積の$\frac{4}{27}$

次は、相似を利用して線分の長さを求める問題です。

問題2

図のように，辺BCの長さが3cmの△ABCがある。ADの長さが4cmとなるように辺AB上に点Dをとったところ，∠DCBが∠Aと等しくなった。このとき，BDの長さを求めよ。（成蹊）

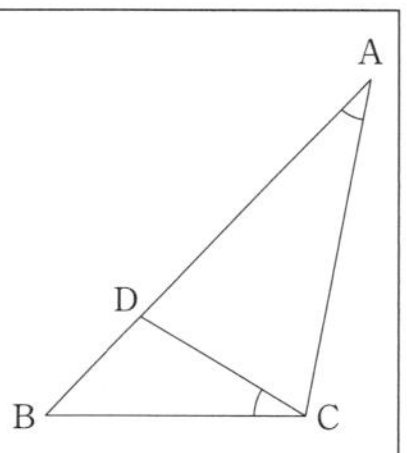

＜考え方＞

相似を利用して比例式をつくります。

＜解き方＞

∠A＝∠DCB、∠Bが共通だから、2組の角がそれぞれ等しいので、△ABC∽△CBD

よって、BD＝xとすると、

AB：CB＝BC：BDより、

$(x+4)$：3＝3：x が成り立つ

これより、$x(x+4)=9$

整理して、$x^2+4x-9=0$

これを解いて、$x=-2\pm\sqrt{13}$

$x>0$より、$x=-2+\sqrt{13}$

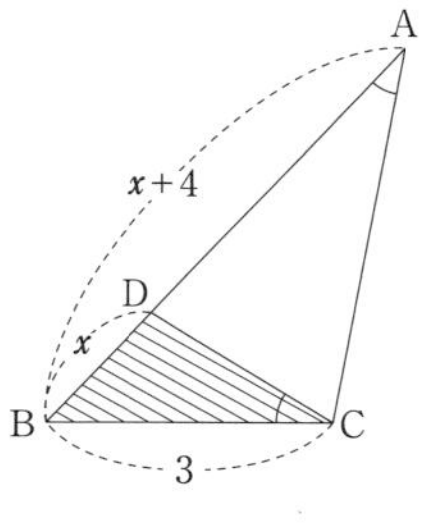

よって、BD＝**$-2+\sqrt{13}$**(cm)

最後に、立体の相似に関する問題も見ておきましょう。

問題3

図Ⅰのように，円柱の形をした容器Aと円すいの形をした鉄のおもりBがある。容器Aと鉄のおもりBは底面の半径が等しく，また，容器Aの容積と鉄のおもりBの体積も等しい。

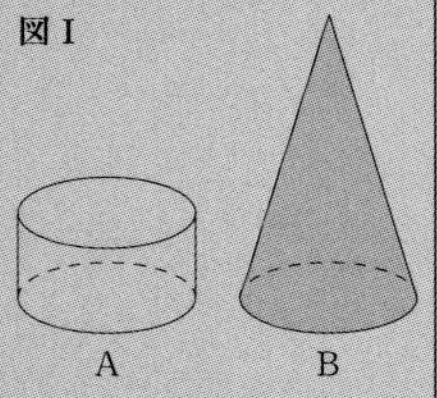

容器Aを底面が水平になるように置いて水で満たし，この中に鉄のおもりBを図Ⅱのように静かに沈めた。

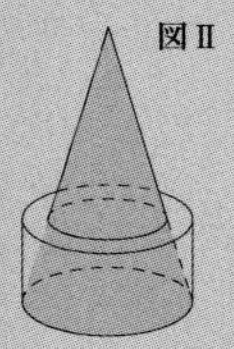

容器Aの底面の半径が9cm，高さが10cmのとき，次の（1），（2）に答えなさい。

ただし，容器Aの厚さは考えないものとする。

（愛知県）

(1)　鉄のおもりBの高さは何cmか，求めなさい。

(2)　あふれ出た水の体積は何cm^3か，求めなさい。

＜考え方＞

2つの相似な立体の体積は、相似比の3乗に比例します。

＜解き方＞

(1)　円すいBの高さを$h$cmとすると，容器A底面の半径が等しく，体積も等しいことから，

$\frac{1}{3}\times 81\pi h=81\pi\times 10$

が成り立つ。これを解いて，h＝**30**(cm)

(2)　図2の円すいの水面より上の部分は，円すいBと相似で，その相似比は，(30－10)：30＝2：3

よって，2つの立体の体積比は，$2^3:3^3=8:27$

あふれ出た水の体積は，円すいBの水面より下の部分の体積と等しいので，

$\frac{1}{3}\times 81\pi\times 30\times\left(1-\frac{8}{27}\right)$＝**$570\pi$**($cm^3$)

＊　＊　＊

相似比を利用して面積を求める問題はよく取り上げられますが、そのためには比の扱い方にも慣れておかなければいけません。さらに、相似は三平方の定理とともに、線分の長さ、図形の面積や体積を求めていく場合に必要不可欠な考え方です。また、関数や円との融合問題が多く出題されますので、色々な解法のパターンを知っていくことがとても重要です。

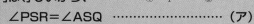

WASE-ACA TEACHERS

楽しみmath 数学！DX

数学

相似な図形の問題 比の扱い方がポイント

登木 隆司先生
早稲田アカデミー 城北ブロック ブロック長
兼 池袋校校長

今月は図形の相似について学習していきます。

２つの図形が相似であるというのは、一方の図形を拡大または縮小したものが他方の図形と合同であることをいい、記号「∽」を用いて表します。また、対応する線分の長さの比を相似比といいます。

２つの図形が相似であるとき、①対応する線分の長さの比はすべて等しく、②対応する角の大きさはそれぞれ等しい、という性質が成り立ちます。

図形の合同と同じく、相似についても三角形の相似が基本で、２つの三角形は、次の条件を満たすときに相似になります。

【三角形の相似条件】

① ３組の辺の比がすべて等しい

② ２組の辺の比とその間の角がそれぞれ等しい

③ ２組の角がそれぞれ等しい

はじめに、相似の証明と相似を利用した面積の比を求める問題です。

問題１

次の図１で，△ABCは正三角形である。

点Pは，辺BC上にある点で，頂点B，頂点Cのいずれにも一致しない。

頂点Aと点Pを結ぶ。

点Pから辺ACに引いた垂線と，辺ACとの交点をQとする。

次の各問に答えよ。

（東京都）

図１

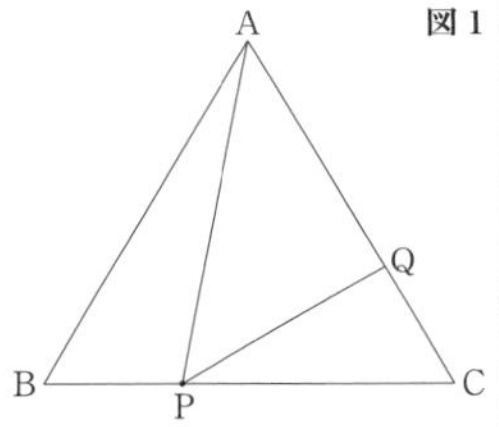

(1) 図１において，∠BAPの大きさをa°とするとき，∠APQの大きさをaを用いた式で表せ。

(2) 右の図２は，図１において，点Pを通り辺ACに平行な直線を引き，辺ABとの交点をRとし，点Qと点Rを結び，線分APと線分QRとの交点をSとした場合を表している。

図２

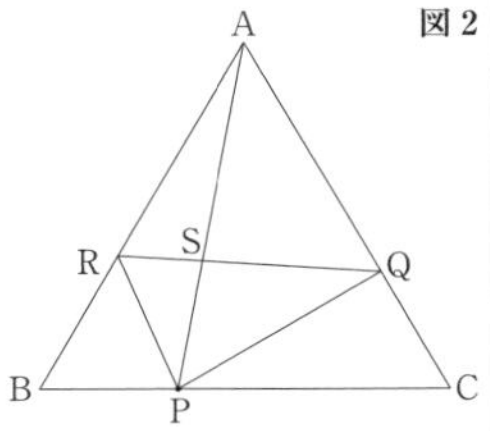

次の①，②に答えよ。

① △PSR∽△ASQであることを証明せよ。

② 図２において，BP：PC＝１：２のとき，△PQSの面積は△ABCの面積の何分のいくつか。

<考え方>

(2)②は、①の結果や△PCQの形に注目します。

WASE-ACA TEACHERS

英語で話そう！

川村 宏一先生

早稲田アカデミー　教務部中学課
上席専門職

朝がちょっぴり苦手な中学３年生のサマンサは、父（マイケル）と母（ローズ）、弟（ダニエル）との４人家族。

学校からお腹を空かせて帰ってきたサマンサとダニエル。今夜の夕食は２人が大好きなハンバーグとポテトサラダです。サマンサはローズの作るハンバーグが大好きで、おかわりをすることもしょっちゅうですが、今日は食べ過ぎたようです。

2014年７月某日

Rose　：It's time for dinner.　…①
ローズ：夕食の時間よ。

Samantha：I'm hungry. It looks delicious.　…②
サマンサ　：お腹空いた！　おいしそうね。

Rose　:How is this taste?
ローズ:味はどうかしら？

Daniel　：It's very nice.
ダニエル：とってもおいしいね！

Rose　：Would you like a refill?　…③
ローズ：おかわりはどう？

Samantha：I've had enough.
サマンサ　：もうおなかいっぱいだよ。

今回学習するフレーズ

解説①　It' time for 〜	〜の時間 (ex) It's time for bed. 「もう寝る時間だよ」
解説②　look 〜	〜のように見える (ex) He looks like happy. 「彼は嬉しそうに見える」
解説③　Would you like＋名詞〜？	〜はいかがですか？ (ex) Would you like another cup of coffee? 「もう一杯コーヒーはいかがですか」

世界の先端技術

search **電気自動車**

教えてマナビー先生！
今月のポイント

ガソリンもエンジンも使わない
騒音とは無縁の自動車が登場！
排気ガスもなく極めてクリーン

実用化され、いま電気自動車の代表格となっているニッサン「リーフ」。左は充電器（写真提供/日産自動車）

街で見かける自動車のほとんどはエンジンを動力源にして走っている。つまり、ガソリンや天然ガスを燃料にして、その爆発エネルギーを回転力に変えて車輪を動かしているんだ。でも、今回紹介するのはエンジンを積んでいない車、そう、電気自動車だ。

初めて電気自動車に乗ったとき、まず、気がつくことは音が静かなこと。では、エンジンで走る普通の自動車が発する騒音はどこからくるのだろうか。エンジンから出る音、その排気ノズルからの音、走っているときの風切音、タイヤと地面が接する音などだろう。

電気自動車はエンジンがないので最初の2つの音がしない。だから、いたって静か。エンジンが動いていないから、そのかすかな振動も感じない。「あまりに静かなので運転者がほかの音に気を取られてしまう。また、歩行者が車に気づきにくい。その対策に気をつかった」と研究を続けた開発技術者が語っているほどだ。

また、電気自動車のモーターは、エンジンと違って低速でも強い回転力を持っている。エンジンでは、低速では力が足りないのでギヤを使って１段、２段、３段とエンジンの回転数に対応していく機構が必要だった。電気自動車では、そのギヤシステムが必要ない。ただアクセルペダルを踏み込めば加速してくれるというわけだ。逆に開発段階では、発車時に加速しすぎないように、加速を抑えることに心を砕いたという。

さらに、電気自動車に必要なバッテリーを、車の中心に積むことで低重心となるため、前後のバランスがいい。だからハンドル操作もスムーズに行える。

バッテリー自体も技術革新が進んでいる。複数のバッテリーを組み合わせて使うことで故障のリスクを減らし、衝突時の危険性に対しても研究を続けて、十分に安全性が確認されているそうだ。

充電するときもハイテクだ。自動車と充電器が互いに通信し、どのくらいの電気が必要なのか、ケーブルの接続は正しいかなどの情報を交換しながら充電を進める。大量の電気を流すので安全には十分気をつかっているわけだね。

電気自動車は、走っているとき、全くCO_2を出さないクリーンな車だ。いま充電スタンドも増えて使いやすくなってきた。これからが楽しみだね。

▶マナビー先生
日本の某大学院を卒業後海外で研究者として働いていたが、和食が恋しくなり帰国。しかし科学に関する本を読んでいると食事をすることすら忘れてしまうという、自他ともに認める“科学オタク”。

日本橋・開智教育グループ

日本橋女学館高等学校【女子】

平成二十七年度 日本橋女学館高等学校は、新しく生まれ変わります

平成二十七年度に創立一一〇周年を迎える日本橋女学館高等学校。以前から定評があった、生徒一人ひとりを大切にするきめ細やかな指導内容に加え、近年は進学実績も上昇傾向にあり、受験生・保護者の注目度がアップしています。その日本橋女学館高等学校が、開智学園（埼玉）と教育提携校になり、更にバージョンアップします。「日本橋」と「開智」、両方の強みを生かして新しく生まれ変わる日本橋女学館高等学校を訪問しました。【取材SE企画】

思いはひとつ。平和で豊かな社会の実現に貢献できるリーダーの育成

日本橋女学館高等学校は、日本の近代化の基礎を創った安田善次郎氏（安田財閥創始者）や三越得石衛門氏らが名を連ねる「日本橋教育会」により、明治38年に創設されました。創設の目的は「これからの新しい時代で活躍できる女性を育てたい。そのためにふさわしい教育を与えたい」というものでした。その理念を表したものが、「真面目に学習に取り組み、健康で穏やかな人間になる」という意味の「質実穏健」です。

この日本橋女学館高等学校が、このたび、「探究型学習」「フィールドワーク」など21世紀型の教育を推進し、大学の進学実績を大幅に伸ばしている「開智学園」と教育提携を結びました。

今回の提携について、副校長の宗像諭先生は、「二つの学校の教育理念は、時代を超えて、共通するものがあります。それは、『社会に貢献できる人材を育てる』ことです。この理念のもと、日本橋女学館の情操教育と開智学園の進学指導という両校の『強み』を合わせ、バージョンアップします」と、抱負を語ってくださいました。

カリキュラム見直しでハイレベルな大学に挑戦する

「難関進学クラス」

日本橋女学館高等学校には、生徒それぞれの将来の希望に合わせた3つのコースがあります。最初にご紹介するのは、国公立・早慶上理などの最難関大学現役合格を目指す「難関進学コース」です。

＜学校説明会・行事日程＞

	日　程	時　間
学校説明会 ※8月30日、10月11日、11月1日は授業体験、芸術コース体験があります。	8月 2日（土）	14：00〜
	8月 6日（水）	10：00〜
	8月30日（土）	14：00〜
	10月11日（土）	14：00〜
	10月26日（日）	14：00〜
	11月 1日（土）	14：00〜
	11月16日（日）	14：00〜
	11月29日（土）	14：00〜
文化祭（女学館祭）	9月27日（土）	10：00〜
	9月28日（日）	10：00〜

詳しい内容は、ホームページ等で順次発表いたします。お問い合わせは「広報部」まで。

「従来のカリキュラムは、どちらかというと国公立大学受験に特化したもので、早慶上理など難関私大第一志望者には少し負担が大きいものでした（昨年度の国公立大学合格実績は千葉大他4名）。これを見直し、高1では共通ですが、高2・高3では国公立大志望者、私大志望者別のカリキュラムを組み、負担を抑えることで効果的な進学指導ができるようにします」と語って頂いたのは進路指導部長の川田孝二先生です。

さらに、このカリキュラム見直しに加え、従来から実施されている「アフター・セッション」や多様な講座が用意されている「夏期・冬期・春期講習」などもより強化を図り、進学実績の更なる向上を目指す、と意気込みを語ってくださいました。

難関・中堅私大受験に対応する「総合進学コース」

2つ目のコースは、GMARCHや有名女子大などの難関大学現役合格を目指す「総合進学コース」です（昨年度の合格実績は、GMARCH10名、東京女子大他有名女子大13名）。

私大型文理別のカリキュラムや「アフター・セッション」「各講習」などは難関大学進学コースとほぼ同じですが、生徒のペースを考えて、より丁寧に、より着実に、基礎レベルから応用レベル、受験レベルまでを指導します。また、小論文指導や、資格取得のバックアップなども積極的に行っているそうです。

難関進学コースに比べて、少し時間に余裕があるのも総合進学コースの特徴です。その分、生徒会活動や委員会活動、クラブ活動に積極的に参加している生徒が多くいるそうです。

専門科目と一般科目をバランス良く学ぶ「芸術進学コース」

3つ目は、日本橋女学館高等学校の大きな特徴でもある「芸術進学コース」です。このコースは、「演劇系列」「美術・デザイン系列」「音楽系列」の3つに分かれ、それぞれ専門科目は一流の講師の指導を受けることができます。美術・デザイン、音楽の生徒は様々なコンクールで上位入賞を果たしており、廊下には、高校生の作品とは思えないほど見事な作品や、国際コンクール入賞の賞状などが飾ってありました。

しかし、専門科目だけではありません。目指すのはあくまでも大学進学です。一般教科をしっかりと学ぶカリキュラムや各講習などを通じて、演劇学科のある大学や東京藝術大学をはじめ美大、音大に多くの合格者を出しています。

多様な講座が魅力の「アフター・セッション」

先ほどから話題に出ている「アフター・セッション」について、もう少し詳しくご紹介します。

毎日放課後～19時、高1から高3まで、それぞれの学年レベルに応じた講座が用意されていますが、実力を伸ばしたいと考える生徒は、上級学年の講座を受講することも可能です。

講座には、「英語・最難関対策」「理系のための数ⅡB」「英語・GMARCH対策」「小説問題集中」「センター試験対策現代文」「センター・リスニング対策」「MVP法による化学～化学反応編」などがあり、生徒各自の学習進度、目標に合った多くの講座が用意されています。

つまり、大学受験の準備がすべて学校内で出来るということです。

期待いっぱいの「日本橋女学館高等学校」

このように、新しく生まれ変わる日本橋女学館高等学校。理事長・校長の青木徹先生からは、開智学園と教職員の人事交流を行う予定であると伺うことが出来ました。近代的できれいな校舎、日本の文化の発信地であった東京・日本橋という立地。どの最寄り駅からも徒歩3分から7分程度と利便性抜群。

日本橋女学館高等学校には、今後ますます注目が集まるのではないでしょうか。

日本橋女学館高等学校

http://www.njk.ed.jp

〒103-8384
東京都中央区日本橋馬喰町2-7-6
TEL 03-3662-2507

〈アクセス〉
ＪＲ総武線・都営浅草線「浅草橋駅」徒歩３分
ＪＲ総武快速線「馬喰町駅」徒歩５分
都営新宿線「馬喰横山駅」徒歩７分

みんなの数学広場

問題編

答えは次のページ

TEXT BY かずはじめ
数学を子どもたちに、楽しく、わかりやすく、使ってもらえるように日夜研究している。好きな言葉は、"笑う門には福来る"。

初級～上級までの各問題に生徒たちが答えています。
どの生徒が正しい答えを言っているか当ててみよう。
もちろん、当てずっぽうじゃなく、実際に問題を解いてみてね。

上級

男子６人、女子６人を４人ずつ３グループに分けることにしました。
１グループを、男子２人と女子２人で構成するとします。
この分け方は、何通りでしょうか？

A 答えは…
8100通り
結構あるのよね。

B 答えは…
1350通り
こんなもんじゃない？

C 答えは…
225通り
ちゃんと計算すれば
こんなもの。

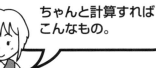

中級

近ごろ、インターネットで話題になった以下の計算問題。答えは？

$$40-32\div2$$

A 答えは…

4でしょ！

すぐわかった。

B 答えは…

4！でしょ！

これは間違いない。

C 答えは…

なし！

問題が変だもん。

初級

中学校で習う$\sqrt{\ }$の記号。これはルートと読みます。

$\sqrt{\ }$は、ある数を2回かけてできるときの元の数です。例えば…

$\sqrt{25}=\sqrt{(5\times5)}=5$

$\sqrt{49}=\sqrt{(7\times7)}=7$となります。

では、この$\sqrt{\ }$の語源は？？？

A 答えは…

道

以外にはないね。

B 答えは…

屋根

習ったよ。

C 答えは…

根

数字の根っこだからね。

みんなの数学広場

解答編

上級

正解は B

男子と女子を同時に分けてはいけません。
まず、男子だけを2人ずつ3組に分けます。
この分け方は、男子①②③④⑤⑥とすると、実際に書いてみると

(①②、③④、⑤⑥)(①②、③⑤、④⑥)
(①②、③⑥、④⑤)
(①③、②④、⑤⑥)(①③、②⑤、④⑥)
(①③、②⑥、④⑤)
(①④、②③、⑤⑥)(①④、②⑤、③⑥)
(①④、②⑥、③⑤)
(①⑤、②③、④⑥)(①⑤、②④、③⑥)
(①⑤、②⑥、③④)
(①⑥、②③、④⑤)(①⑥、②④、③⑤)
(①⑥、②⑤、③④)

となり、15タイプあります。
ちなみに、この15通りを計算で求めると、まず、①②③④⑤⑥の6人から2人を選ぶのが
$6 \times 5 \div 2 = 15$ 通り。
ここで÷2をするのは、①②と選んでも②①と選んでも同じだからです。そして初めの2人を選んだあとに、残りの4人から2人を選ぶ仕方は
$4 \times 3 \div 2 = 6$ 通り。
最後に残りの2人から2人を選ぶのは1通りなので
$15 \times 6 = 90$ 通り。
としたいところですが、ダメ!!!　最後に3！で割ります。これは、この3組をA組、B組、C組としたとき。A、B、Cの順で選んでもC、B、Aの順で選んでも同じだからです。
つまり、その順番の3！で割りますから
$90 \div 3! = 90 \div 6 = 15$ 通り　になります。

さあ、次に女子をできあがった男子3組に分けます。この男子の分け方15通りのうち、1つのタイプ、例えば（①②、③④、⑤⑥）に女子を当てはめていくとします。
男子①②といっしょになる女子の選び方は、6人から2人を選ぶので
$6 \times 5 \div 2 = 15$ 通り（÷2をするのは、2人を選ぶのに例えば、Pさん、Qさんと選ぶことと、Qさん、Pさんと選ぶことは同じだからです）。
次に男子③④といっしょになる女子の選び方は残りの女子の4人から2人を選ぶので
$4 \times 3 \div 2 = 6$ 通り。
最後に男子⑤⑥といっしょになる女子の選び方は残りの女子の2人から2人を選ぶので、これは、1通り。よって、男子3組への女子の当てはめ方は
$15 \times 6 = 90$ 通り。
したがって、全部で分け方は、
$15 \times 90 = 1350$ 通り　になります。
（もちろん組合せの公式を使ってもいいですよ！）

A

多すぎるよ！

B

C

もう少しちゃんとやればよかったのに。

中級

正解は B

よく見ると「！」の記号。これは、階乗と言います。
その数から、１までを階段状にかけていく計算です。
例えば　５！＝５×４×３×２×１＝ 120　となるんです。

さて、この問題…。
割り算から行うので、32 ÷２＝ 16。これを 40 から引くと
40 － 16 ＝ 24。
４！＝４×３×２×１＝ 24
ですから、これが答え。
まさか、40 － 32 ＝８。そして、８÷２＝４ってした人はいませんよね ???

A

もう一度小学校から…
かな？

B

C

もう少し考えた方が…

初級

正解は C

初めてこの記号が出てくるのは 1525 年、ルドルフが書いた「代数」
という本です。
root の頭文字の「ｒ」から、この記号ができています。
ちなみに root は「根」という意味です。

A

残念。つづりが違うよ。

B

見かけは似てるけどね。

C

先輩に聞け！

大学ナビゲーター

早稲田大学

国際教養学部
国際教養学科　4年
杉本《すぎもと》　裕美《ひろみ》さん

1年間の留学生活は大変なこともありましたがとてもいい経験になりました

4年間で多くの国際交流ができた

——早稲田大の国際教養学部を志望したのはなぜですか。

「小6から英会話を習っていたので、中学入学時点で周りより英語が得意だったこと、そして、中2でカナダに1週間ホームステイしたことで、留学してみたいという気持ちが芽生えました。

早稲田大の国際教養学部は、全員必修の1年間留学がカリキュラムに組み込まれていて、留学しても4年間で卒業できる点に惹かれました。」

——留学制度以外で国際教養学部の特徴を教えてください。

「ほぼ全講義が英語で行われています。入学前からそのことを知ってはいたものの、1年次の初回の講義から先生がいきなり英語で話し始めたので、本当に英語で進んでいくんだ、と衝撃を受けました。

また、留学生が学部内に約3割在籍していたり、文理問わずさまざまな分野の講義が用意されているのも特徴的です。哲学、政治、科学、芸術など、興味ある分野の講義を自由に選べますが、もちろんどの講義も英語で行われています。」

——これまで履修した講義で印象に残っているものを教えてください。

「第二外国語として韓国語を選択していたので、日韓関係や、韓国の文化について学ぶ講義は興味深く受講していました。なかでもとくに、韓国からの交換留学生たちと議論を交わすタイプの講義は楽しかったです。留学生が帰国したあとも、SNSを通じてやりとりをしたり、旅行で韓国を訪れた際に現地で会ったりと、交流を続けています。」

——留学先での生活はどうでしたか。

「留学先はアジア、ヨーロッパ、中東など、本当にバラエティに富んでいるので、1年間は同じ学部の友人たちが世界中に散り散りになります。私が留学先に選んだのはアメリカのボストン大です。

留学中に大変だったことは講義についていくことです。早稲田大では英語がわからない生徒もいることを前提に講義が進みますが、ボストン大では留学生がいてもいつも通り講義が進行するので、現地の生徒だったら簡単にできるようなノートをとることすら苦戦していました。試験も現地の生徒と同等に評価されることが多かったので本当に大変でした。留学中は大学の寮に住んでいたので、寮内で同じ授業を履修している子たちの助けを借りながらなんとか乗り越えました。

日常生活でも、最初は買い物をするときに英語が通じなかったりと困ることも多々ありましたが、色々な国の人たちと出会えたので、留学してよかったという気持ちの方が大きいですし、機会があればまた留学したいと思っています。」

――サークルには入っていますか。

「早稲田大に留学に来ている学生との交流を目的とした国際交流サークルで活動しています。休日は東京観光やバーベキューなどのイベントを行い、平日はみんなでお昼ご飯を食べたりしています。

留学先のボストン大では、ハワイアンフラダンスサークルに入って、大学内のイベントではダンスを披露しました。和気あいあいとした雰囲気のサークルで、とても楽しい時間が過ごせたので、留学中のいい思い出になりました。」

――残りの大学生活での目標はなにかありますか。

「就職活動も終わり、比較的時間に余裕ができたので、以前参加した、日本、中国、韓国の3カ国の学生が集まって行う国際フォーラムのようなイベントに参加したり、海外旅行をしたいです。社会人に比べて自由な時間が多い学生のうちに、違う文化で過ごしている人々とできるだけ多く出会いたいですね。」

ボストン大に留学していたときの
友人たちと杉本さん（左端）。

このように多くの
留学生たちと交流しています。

【集中するためのマイルール】

同じ場所でずっと勉強していると集中力が切れてしまうタイプだったので、図書館や塾の自習室など、適宜場所を変更しながら勉強することにしていました。

また、塾では休憩時間は勉強せずに休む時間と決め、友だちと話すなどして息抜きしていました。そうすることで授業にも集中できました。

【高校受験を教訓に】

高校受験では、勉強の仕方がいまいちつかめなかったので、ただがむしゃらに数をこなしたり、時間をかければいいと思っていました。それでも第1志望の高校に合格できましたが、違う方法で勉強していたらもっと合格を確実なものにできたかもしれないと思い、勉強のやり方や生活習慣などを改善して大学受験に臨みました。

例えば、英語の長文問題は、高校受験のときの勉強では本文に出てくる単語のなかにわからないものがあっても、設問が正解していたら次の問題に進んでいました。

しかし大学受験の勉強では、設問を解くだけではなくて、学べるところがあればそこから色々なことを学ぼうと、本文のなかでわからなかった単語があれば、その単語の意味を調べ、暗記もし、長文を全文読むよう心がけました。

そのほかにも、夜遅くまで勉強していたのを、朝早く起きて勉強してから登校するようにしました。

こうして自分なりに色々と工夫したことが、第1志望の早稲田大学合格にもつながったと思います。

【受験生へのメッセージ】

アルバイトで中学生向けの家庭教師をやっていますが、受け持っている生徒のなかにはなかなか志望校が決まらず、受験に対して漠然とかまえている子がいます。

途中で志望校が変わってもいいので、まずは目標を設定して、少しずつ目標に向かって頑張ろうという気持ちを持つことが大事だと思います。

ミステリーハンターQの
歴男歴女養成講座
中学1年生。カバンのなかにはつねに、読みかけの歴史小説が入っている根っからの歴女。あこがれは坂本龍馬。特技は年号の暗記のための語呂合わせを作ること。好きな芸能人は福山雅治。
中学3年生。幼稚園のころにテレビの大河ドラマを見て、歴史にはまる。将来は大河ドラマに出たいと思っている。あこがれは織田信長。最近のマイブームは仏像鑑賞。好きな芸能人はみうらじゅん。
ミステリーハンターQ
（略してMQ）
米テキサス州出身。某有名エジプト学者の弟子。1980年代より気鋭の考古学者として注目されつつあるが本名はだれも知らない。日本の歴史について探る画期的な著書『歴史を掘る』の発刊準備を進めている。

寛政の改革

3号連続で江戸の三大改革を学ぶ第2回。老中松平定信の行った「寛政の改革」について見てみよう。

勇 江戸時代の三大改革の2番目は寛政の改革だね。

MQ 享保の改革を行った8代将軍徳川吉宗の孫の松平定信が行った改革だ。

静 なぜ改革が必要になったの？

MQ 改革の前までは、田沼意次《たぬまおきつぐ》が権勢を振るっていて、ワイロ政治が幅を利かせていたと言われているんだ。そんななか、浅間山が噴火したり、天明の飢饉《ききん》が起こったりして、武士も農民も疲弊し、幕府財政も危機的な状況になってしまったんだ。そこで、奥州白河藩主で飢饉対策を行った実績のある定信が老中に就任したんだ。

勇 実績を買われたんだね。

MQ 定信が老中に就任したのは1787年（天明7年）。彼は緊縮財政で幕府の財政を立て直そうとした。田沼時代が極端な商業主義、消費経済だったことから、札差《ふださし》や両替商など、都市の商業は繁栄したけど、農民は疲弊していたし、年貢で生計を立てている武士も困窮していた。

静 どんなことをしたの？

MQ 囲米《かこいまい》といって、幕府や各藩が飢饉に備えて米を備蓄することを奨励したり、都市に流入した農民に資金を与えて農村に帰ることを促したりした。

勇 武士にもなにか対策をとったの？

MQ 棄捐令《きえんれい》といって、札差に対する借金の6年前までのぶんを帳消しにしたり、その後の借金は年賦で返すようにしたりと、困窮した武士を救済する制度を作った。さらには七《しち》分金積立《ぶきんつみたて》といって節約した町内会費の7割を積み立てて、困っている人を救済しようとしたりした。

静 いまでいう福祉政策みたいね。ほかにはどんなことしたの？

MQ 寛政異学の禁といって、朱子学以外の学問を学ぶことを禁止したり、寛政暦という新しい暦を作ったりした。江戸に人足寄場《にんそくよせば》を設けて、職のない人や犯罪者の更正を図ったりもしたんだ。

勇 それでうまくいったの？

MQ 商業に対して否定的過ぎたり、極端な思想統制を行ったり、役人から庶民まで、厳しい倹約を強制したこともあって、定信への信頼は薄らぎ、1793年（寛政4年）、失脚してしまうんだ。結局、寛政の改革は失敗に終わるけど、定信と同時期に老中を務めた松平信明らによって、囲米などの一部の政策は維持され、その後の幕府の政策として定着していくんだよ。

緊縮財政で市中の華美取り締まり強化

「不」が2つ入る四字熟語

今回は「不」の字が2つ入る四字熟語を調べてみよう。どんなものがあるかな。

まずは「不《ふ》朽《きゅう》不《ふ》滅《めつ》」。朽ちることも滅びることもない、という意味で、永遠になくならないことのたとえだ。

「不《ふ》言《げん》不《ふ》語《ご》」は言わず、語らずということで、物をいっさい語らないことだ。「彼はあの件に関してはなにも話さない。不言不語だ」なんてふうに使うよ。

「不《ふ》将《しょう》不《ふ》迎《げい》」はあまり耳にしないかもしれないね。「将」には送る、という意味があり、送らず迎えず、ということから、過去をくよくよ思い悩んだり、将来について心配することをしない、という意味だ。いつも前向きということかな。

「不《ふ》撓《とう》不《ふ》屈《くつ》」はよく聞くよね。撓《たわ》まず屈しない、ということで、強固な意志を持っていて、困難にくじけないことだ。「彼は不撓不屈の精神で難局を乗りきった」などと言う。

「不《ふ》即《そく》不《ふ》離《り》」もよく使われるよ。2つのものがくっつきもせず、離れもしない、という関係のことだ。「A君とB君の関係は不即不離だ。適当な距離を保ってつきあっている」というふうに使う。

「不眠不休」は文字通り、眠らず休まず、ということ。「不眠不休で働いて、ついに文化祭のモニュメントを完成させた」なんて感じかな。

「不老不死」もよく出てくる四字熟語だね。老いもせず、死にもしないということで、「秦の始皇帝は不老不死の薬を求めて、家臣を日本に送り出した」なんて話がある。

「不偏不党」は一党一派に偏らないこと。いずれの主義や党派とも距離を置き、公正、中立であることだ。「公共放送は不偏不党でなくてはならない」なんて言われるね。

最後は「不《ふ》耕《こう》不《ふ》織《しょく》」だ。あまり聞き慣れないかもしれないね。田を耕さず、着物を織らず、ということで、生産的な仕事をしないこと。江戸時代は武士のことを言ったりしたけど、現代では定年後、なにもしないことを言ったりする。「60歳を過ぎて、いまは不耕不織です」なんて感じかな。

2つではなく、「不」が1つつく四字熟語もたくさんあるよ。調べてみたらおもしろいね。

あたまをよくする健康

ナースであり
ママであり
いつも元気な
FUMIYOが
みなさんを
元気にします！
by FUMIYO

今月のテーマ

鼻水

ハロー！　Fumiyoです。突然ですが、みなさん、鼻水はどんなときに出ますか？　寒いときや、風邪を引いたとき、花粉症の人は花粉がよく飛ぶ季節など、さまざまな場面で鼻水が出てくる体験をしたことがあると思います。そんな鼻水には、水のように透明でサラサラしているものや、黄色っぽく粘り気があるものなど、色々な種類がありますよね。同じ鼻から出てくるのに、どうしてこうした違いがあるのでしょうか？　今回は鼻水についてみてみましょう。

まずは、鼻のしくみについてです。鼻の構造は大まかに「外鼻《がいび》」、「鼻腔《びこう》」、「副鼻腔《ふくびこう》」に分けられます。「外鼻」は外から見えている部分、つまり鼻の外観で、顔のなかで私たちがいつも「鼻」と呼んでいる部分を指し、鼻の穴のなかのことは「鼻腔」と言います。そして、鼻腔の奥にあるのが「副鼻腔」です。副鼻腔は鼻腔とつながっていて、鼻腔を囲むように存在している空洞です。

さて、鼻の役割でまず思いつくのは、「呼吸をするときの空気の通り道であること」です。鼻腔には鼻毛が生えていて、吸い込んだ空気のホコリなどを取り除くはたらきがあります。

鼻腔内をさらに進むと、鼻粘膜《びねんまく》という薄い粘膜で覆われている部分があります。ここには線毛という短い毛がびっしりと生えていて、鼻粘膜のなかには鼻腺《びせん》があります。鼻腺からは微量の粘液が分泌されており、この粘液に小さなホコリや細菌がくっつき、鼻腔の奥に運ばれていきます。それらはのどから痰《たん》となって吐き出されたり、食道から胃に入っていきやがて排泄されるのです。そして、ホコリや細菌が取り除かれたきれいな空気は、適度に加湿され、肺へと届けられます。普段はこの粘液に気づくことはありませんが、じつはこうして身体を守ってくれているのです。

また、そのほかの役割として、においを感じる感覚器としての機能や、声を発するときに音を響かせる共鳴器としての機能があります。

では次に、鼻水はどんなときに出てくるのか見てみましょう。鼻水は大きく分けると、サラサラした透明の鼻水と、ネバネバした黄色い鼻水があります。

サラサラした透明の鼻水は、スギやヒノキによる花粉症や、ハウスダストやダニによるアレルギー反応、風邪の初期症状のときに見られます。ウイルスによる鼻風邪の場合、最初は水っぽい鼻水ですが、雑菌が繁殖して黄色くなると、粘り気のある鼻水に変わっていきます。もし、粘り気が強く、黄色より緑色に近いような色のドロッとした鼻水に変わってきたら早めに病院に行ってください。副鼻腔に膿《うみ》が溜まる慢性副鼻腔炎という病気の可能性がありますからね。また、鼻をかむときは、ゆっくり何回かに分けてかみましょう。力を入れて思いっきりかんでしまうと、中耳炎になってしまうことがあるので気をつけてください。

風邪をひいて鼻水が出てきてしまうと、頭が重く感じたり、鼻がつまって口呼吸になってしまうことがあり、勉強に身が入りませんよね。風邪は冬だけでなく、夏でもかかることがあるので、風邪をひかないよう、十分注意して毎日を過ごしましょう。

Q1

1日に鼻腺から分泌される粘液の量はどのくらいでしょう?

①500mℓ　②1ℓ　③1.5ℓ

正解は、②の１ℓです。

線毛上にある粘液は、１分間に約１㎝のスピードで動きながら、ホコリや細菌を鼻腔の奥へ送っています。

Q2

寒い時期にラーメンを食べると鼻水が出ることがあるのはなぜでしょう?

①熱い空気を冷やすため　②吸い込んだスープの塩分を流すため　③ラーメンの湯気が水滴に変わるため

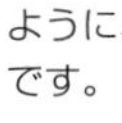

正解は、①の熱い空気を冷やすためです。

鼻から吸い込んだ熱い空気をそのまま肺へ送り込まないように、鼻水を出すことで空気の温度を下げようとしているのです。

ていねい × あんしん＝MJ
新設
国際交流コース
選抜文系コース
薬学理系コース（現）
総合進学コース（現）
卒業後の進路を見据えた4コース制
武蔵野大学（薬・看護・教育・法・経済・文・人間科学・環境・グローバルコミュニケーション）との
併願優遇制度を利用して、ワンランク上の進路実現へ
2014年度
高等学校説明会日程
学校説明会（予約不要）
10月25日（土）　11月８日（土）
11月22日（土）
いずれも14:00～16:00
個別相談会（要予約）
11月１日（土）　11月15日（土）
11月29日（土）　12月20日（土）
いずれも10:00～15:00
MJサマースクール（予約不要）
7月27日（日）14:00～16:00（説明会+体験授業）
MJオープンスクール（予約不要）
9月13日（土）10:00～12:00（説明会+授業見学）
MJクラブ体験（体験は要予約）
10月18日（土）13:30～17:30（クラブ見学+体験）
樹華祭　（体育祭）　9月27日（土）　9:00～15:00
（文化祭）10月11日（土）11:00～16:00
10月12日（日）10:00～16:00
◎学校相談随時受付　事前にお電話にてお申し込みください。
自分のままで、自分を伸ばす。
MJ
武蔵野女子学院高等学校
■総合進学コース ■薬学理系コース ■国際交流コース（新設） ■選抜文系コース（新設）
〒202-8585 東京都西東京市新町1-1-20　TEL 042-468-3256・3377（入試相談室直通）
http://www.mj-net.ed.jp/

SUCCESS NEWS

サクニュー!! ニュースを入手しろ!!

産経新聞編集委員
大野 敏明

今月のキーワード
リニア新幹線

◀PHOTO 山梨県のリニア実験線で、走行試験を行う新型車両「L0（エルゼロ）系」（2013年８月29日 山梨県都留市）写真：時事

リニアモーターカーで東京と大阪を結ぶリニア新幹線（中央新幹線）が今年秋にも着工する見通しとなりました。

リニア新幹線は最高時速505㎞で、東京（品川）と名古屋を最短40分、東京—大阪間を最短67分で結びます。

現在の東海道新幹線が開通した1964年の２年前の1962年に、次世代の高速鉄道として開発がスタートし、1997年からは山梨県の実験施設で、実際に車両の走行試験が行われていました。2011年には、JR東海を事業者とした正式な整備計画が策定され、同年にはルートも決められました。東京—名古屋間の距離は438㎞、名古屋—大阪間は286㎞、合計724㎞の長さです

東京—名古屋間の開業は2027年、東京—大阪間の開業は2045年をめざしていますが、今年６月には沿線の自治体で作る「リニア中央新幹線建設促進期成同盟会」（会長・大村秀章愛知県知事）が総会を開き、できるだけ早い時期に全線の開業をめざすべきとの決議を行いました。

とくに関西圏経済の地盤沈下が叫ばれていることもあって、関西からは開通の前倒しを求める声が強く、東京—大阪間同時開業の声もあります。このため、2045年よりも前に全線が開業する可能性もあります。

リニアモーターカーは、車両に搭載した超伝導磁石と地上にあるコイルによって強力な磁石の力を生み出し、それによって車体を約10㎝浮き上がらせて走る列車です。車体とレールが接触しているわけではないので、摩擦もなく速く走れます。日本以外でもアメリカ、ドイツ、イギリス、中国、韓国などでリニアモーターカーの開発、走行試験が行われていますが、時速505㎞という日本のリニアは世界最速です。

着工が決まったリニア新幹線ですが、問題は財源をどうひねり出すかです。東京—大阪間の総事業費は８兆～10兆円と言われています。前倒しの可能性が出てきた名古屋—大阪間の事業費は、そのうち３兆6000億円が見込まれています。ですが、このぶんの財源のめどははっきりとしていません。しかし、経済効果は17兆～21兆円とする試算もあり、経済界からも大きな期待が寄せられています。

東京—名古屋間の開業は13年後ですが、そのころみなさんは大人になっていることでしょう。リニア新幹線に乗って旅行に行くことになるかもしれませんね。

共学1期生
男子 239名
女子 133名

平成26年4月男女共学スタート!!

第一志望大学への現役進学を力強くサポートする3つのコース

知の構造を革新 **S特コース**
グローバルな探究力を育て、
東大などの最難関国立大を目指す

本質的な学びを育成 **特進コース**
自ら学ぶ力を高度に育て、
難関国公立大・早慶上理を目指す

自ら考える力を育成 **進学コース**
高度な基礎学力を育て、
GMARCH・中堅私大を目指す

高等部教育方針

習のベースとなる日々の授業では「自ら考え学ぶ」ことを重視した新しい学習指を実践。身につけた学力を高度に活用できる創造的学力を育む「探究（S特コー）」「ライフスキル（特進・進学 コース）」の授業、豊かな人間力を培うオリジナルテスト「人間力をつける」と合わせて、グローバル社会で自分の力を十二分に発揮、社会の発展に貢献できる人材となるために必要な力を鍛えていきます。

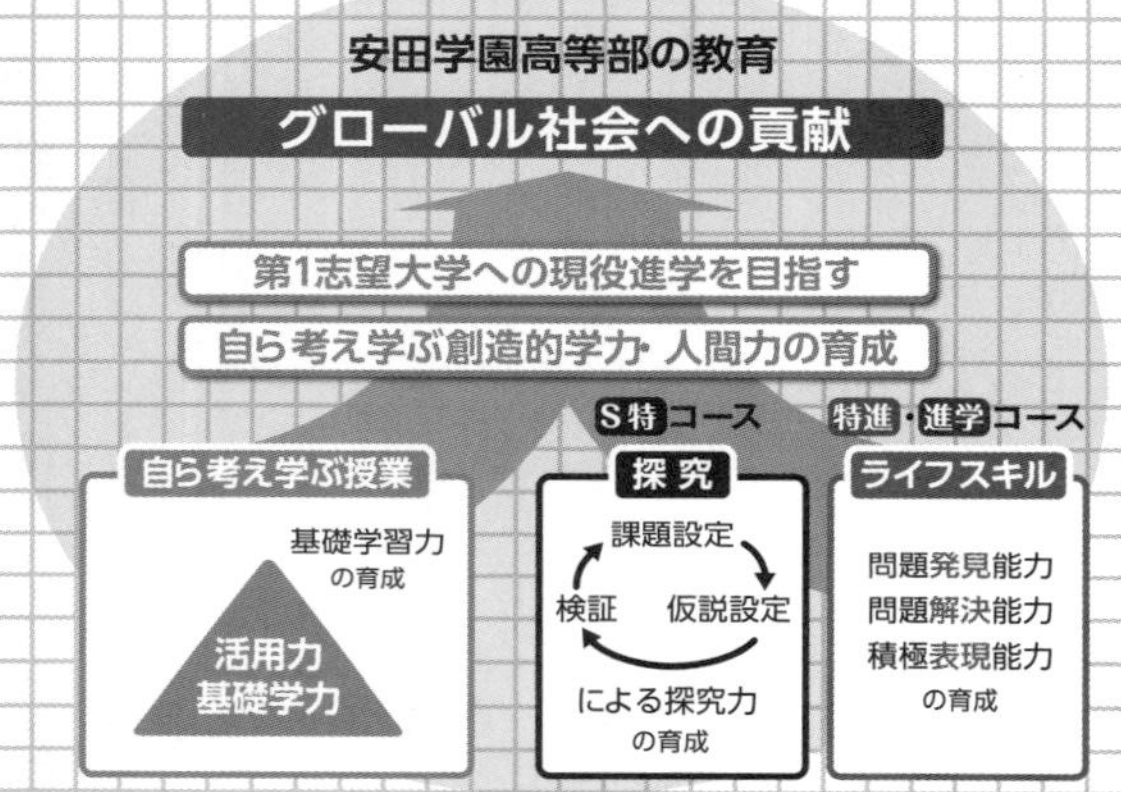

特進・進学コースの取り組み

問への強い関心を持たせると同時に、高度な基礎学力と基礎学習力を育てます。た、目標に向かう意欲を高めることにより、グローバル社会に貢献できる資質や力を培います。授業では、自分で考えることによる知識や考え方を学び取る学 繰り返しなどによる着実な積み上げ学習を大切にし、それらを関連付けて学ぶ合的学力へと発展させ、第１志望大学への現役進学を実現します。

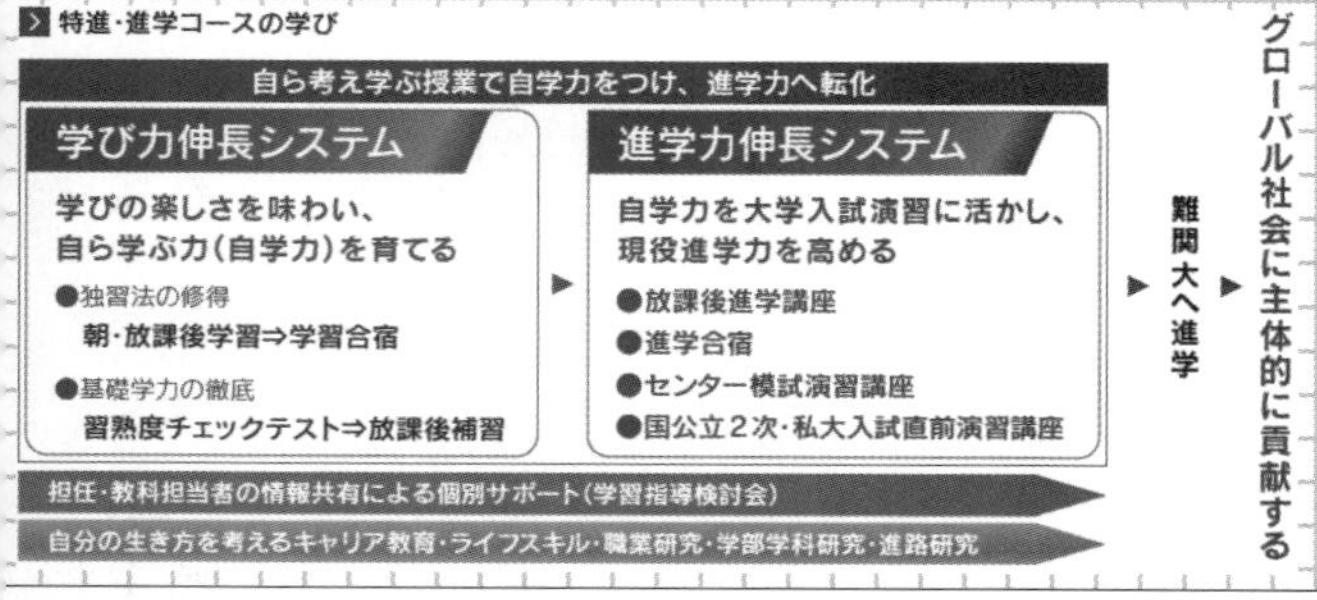

◆S特コースの取り組み

S特コースでは「一人ひとりに最適なアシストを」をスローガンに、放課後の弱点克服講座や進学講座（約２時間）、夏・冬休みの『東大対策講座』などきめの細かい補習・講座を数多く用意しています。

また、入学直後の生徒は能力も得意・不得意科目も人それぞれです。その生徒一人ひとりに対し「高校生としての」学習法や「自ら考え学ぶ」とはどういうことなのかをレクチャーする入学前の【事前全体説明会】を皮切りに、S特コーススタッフ全員の熱意あふれる万全なサポート体制で生徒一人ひとりの目標の実現を応援していきます

探究 S特コース

1・2年で行われる「探究」の授業では、自分なりの疑問を見つけ、それについての仮説を立て、検証を行うというサイクルを体験していきます。その過程を通じて、より高次なレベルの疑問が生まれ発展していくといった創造的思考力が育まれていきます。1年次では、文系・理系のそれぞれの実際のテーマでのグループ探究を通し探究基礎力を習得、論文を作成します。2年次には、それを英訳しシンガポールにおいて現地大学生にプレゼン、そのテーマについてディスカッションします。そしてこれらの集大成として個人でテーマを決めて探究を行い、安田祭で発表します。

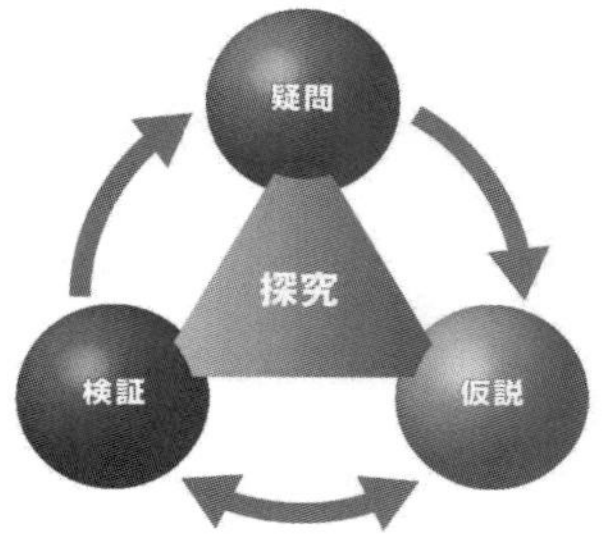

平成27年度 高校入試 学校説明会		
9月6日（土）	①10:00～ ②14:30～	
10月4日（土）	①10:00～ ②14:30～	
11月8日	（土）14:30～	
11月29日	（土）14:30～	
12月6日	（土）14:30～	

安田祭（文化祭）
11月1日（土）・2日（日）
10:00 ～ 15:00
入試相談会を開催します
※掲載している日程以外でも学校見学個別相談ができます。
事前にお電話でお申し込みください。
※各回とも入試相談コーナーを設けております。
※予約申込方法など詳細は本校ホームページをご覧ください。

安田学園高等学校
〒130-8615 東京都墨田区横網2-2-25
E-mail nyushi@yasuda.ed.jp
入試広報室直通 0120-501-528 FAX.03-3624-2643
交通アクセス JR両国駅から徒歩6分 都営大江戸線両国駅から徒歩3分
ホームページ http://www.yasuda.ed.jp/ 安田学園 検索

『3年7組食物調理科』

調理に青春をかける
高校生たちの日々を描く

◆『3年7組食物調理科』

著／須藤靖貴
刊行／講談社
価格／1300円＋税

サクセス書評

今月の1冊

新居山総合技術高校食物調理科、通称「ショクチョウ」。名前の通り、食物調理に関するさまざまなことを学び、卒業時には全員が調理師免許を取ることができる学校で、主人公のケイシ（恵志）は、ここの3年生。

ショクチョウは各学年30人で、このクラスだけ（ほかの科もあるからだ）3年間クラス替えがない。ケイシたちの担任の小梅雅子先生（普段は『リトルマーメイド』の人魚アリエル、怒ると海の魔女アースラになる）はそれを「同じ釜の飯を食う」ならぬ「同じ釜の飯を炊いて食う」仲間だと言う。

ケイシを中心に、そんなショクチョウの仲間たちの日々が描かれている『3年7組食物調理科』は、実在する埼玉県立新座総合技術高校食物調理科がモデルになっている小説だ。

多くの人にとっては、いわゆる普通の高校生とは違った毎日を送る彼らの高校生活をイメージすることは難しいだろう。その日々が丹念な取材に基づいて、細かく、かつ、個性豊かな登場人物たちとともに綴られている。おいしそうな食事のシーンも。

もちろん、ツバが出るような場面ばかりではなく、最後の1年を過ごすなかで、生徒たちはさまざまな困難にぶつかっていく。

普段の授業や調理実習のほかに、月に1度の営業（日ごろの成果を関係者に披露する）や、文化祭でのお弁当販売、保護者試食会、卒業作品展などの様子がこの本では描かれていて、いつも順風満帆とはいかない。3年生にもなって初歩的なミスをし、小梅先生に激怒されてしまうシーンも出てくる。

でも、ときにそれぞれが、ときにみんなが自分たちで考え、悩みながらその壁を乗り越えていく姿は、物事に取り組むときの姿勢や心持ちについて、読む人に改めて考えさせてくれる。

なにか心に迷いが生まれたときは、ぜひこの本を読んでみてほしい。ショクチョウのみんなの頑張りは、そんな迷いを吹き飛ばしてくれるすがすがしさがあるから。

こんな不思議を信じられる？

ステキな金縛り

2011年／日本
監督:三谷幸喜

『ステキな金縛り<Blu-ray>スタンダード・エディション』
Blu-ray発売中
4,700円＋税
発売元:アミューズソフト
販売元:東宝

勇気をもらえる幽霊コメディ

ある女性の死をめぐり、その女性の夫に容疑がかけられます。しかし夫は、犯行時刻に「落ち武者の幽霊に馬乗りにされ金縛りにかかっていたので身動きが取れなかった」と言い張り無実を主張。

担当となった弁護士・宝生エミは、そのアリバイを立証するために、男が泊まっていた山奥の「しかばね荘」を訪ねます。するとその夜、エミは金縛りにあい、421年前に無念の死を遂げた更科六兵衛と名乗る落ち武者に出会うのでした。エミは幽霊という存在にひるむことなく、裁判の証人となることを依頼します。

落ち武者と、現代の女性弁護士との間で交わされる会話やお互いの行動が、斬新でユーモアたっぷり。思わず映画の世界に引き込まれてしまいます。

そして、エミが裁判を進めていくなかで新しい自分を切り開き、強く生きていこうとする姿に、勇気をもらうことができます。

監督は「THE 有頂天ホテル」「ザ・マジックアワー」などの大ヒットコメディを手がけた三谷幸喜。豪華な配役にも注目です。

HOME 愛しの座敷わらし

2012年／日本
監督:和泉聖治

『HOME　愛しの座敷わらし　スペシャル・エディション』
DVD発売中
3,900円＋税
発売元:株式会社テレビ朝日／株式会社ハピネット
販売元:株式会社ハピネット
©2012「HOME　愛しの座敷わらし」製作委員会

座敷わらしが家族を再生

「座敷わらし」とは、東北地方で信じられている家の守り神のことで、その家に幸福をもたらすと伝えられています。これは、そんな座敷わらしの住む家に引っ越してきた家族の物語です。

学校でいじめにあっていた姉、喘息で大好きなサッカーをできずにいた弟、業績が振るわず東京本社から左遷された父、そんな家族が引っ越してきたのは岩手の田舎町でした。築200年を超える古民家には、なにかが潜んでいそうな雰囲気が漂っています。

日が経つにつれ、家族は家のなかに何者かの気配を感じおびえだします。しかし、それが座敷わらしだと知ると、その存在を恐れず、家族の一員として受け入れます。

不器用ながら実直な父親を中心に、すれ違っていた家族が再び笑顔を取り戻していく様子が、ほのぼのと描かれています。家族の温かさを改めて思い出すことができる作品です。

岩手の美しい田園風景とかわいい座敷わらしの姿にも、心が癒されます。原作は荻原浩の小説です。

借りぐらしのアリエッティ

2010年／日本
監督:米林宏昌

『借りぐらしのアリエッティ』
DVD発売中
4,700円＋税
発売・販売元:ウォルト・ディズニー・スタジオ・ジャパン
©2010 GNDHDDTW

人間は小人の敵？ 味方？

小人種族の少女・アリエッティを主人公とするアニメ映画です。アリエッティとその家族は、人間の暮らす民家の床下で、人間の目を避けて「借りぐらし」をしながら､ひっそりと暮らしていました。

「借りぐらし」とは、人間社会の物品を少しだけ「借り」て生活するという意味。14歳になったアリエッティもいよいよ「借り」に出ることになります。

そんなある日、アリエッティは人間の少年・翔に姿を見られてしまいます。彼はアリエッティと仲良くなりたいと考えますが、「人間に見られてはいけない」というのが小人たちの掟であり、両親は人間を恐れています。その恐れは種族の生き残りをかけた強い意志からくるものです。私たち人間は、そんなにも恐れられる存在なのでしょうか。そんなことを考えさせられてしまいます。

原作はメアリー・ノートンの小説『床下の小人たち』です。本作の脚本は、さまざまなヒット作品を生み出しているアニメの巨匠、宮崎駿が手がけました。

小人たちの可愛らしい家財道具や洋服などにも注目です。

なんとなく得した気分になる話

生徒　先生

身の回りにある、知っていると
勉強の役に立つかもしれない知識をお届け!!

「スタミナ」をつけるには？

暑くなってきたなあ。これからは、スタミナ不足にならないようにしっかりご飯を食べて、しっかり水分をとるんだよ。これからはスタミナの勝負だぞ！

そのスタミナってなに？

うっ、スタミナ…。パワーの源かなあ。あっ、思い出した！　確かラテン語のstaminaだったと思う。

ラテン語なんだあ！
知らなかったなあ。

これは、「縦糸」を意味するstamen（「スターメン」と読むらしい）の複数形（古典ラテン語の発音では「スターミナ」）だったはず。この言葉は、ローマ神話に出てくる「運命の三女神の1人・ノーナが紡ぐ生命の糸」が「精力、耐久力」を表す言葉として使っていると聞いた気がする。

すごい！　今日の先生かっこいいよ。

照れるなあ（笑）。

じゃあ、運命の三女神って、あとの2人は？

う〜ん、忘れた（笑）。ところでキミ、スタミナで浮かぶ言葉は？

ニンニクかなあ。

じつは私もそう思ったんだ。

おいしいんだけど、食べたあとに臭うのが…。

そうだよね。でも、臭わないニンニクがあるのを知ってるかい？

あっ、聞いたことある。それ食べればいいんだね。

まあ、そうなんだけど…。

なにかまずいの？

場合によっては、臭わないニンニクは品種が違うことがあるんだ。もとは、昔の日本ではニンニクや野蒜（のびる）など、臭いの強い食用の植物を総称して蒜（ひる）と呼んでいたんだよ。野蒜と区別してニンニクを大蒜（おおびる）とも書いたらしい。いまも、スーパーでニンニクを大蒜と書いて売っているところもあるぐらいだ。

臭わないニンニクは品種が違うって言ってたけど、ニンニクじゃないの？

そう。たまに、ポロねぎの球根を無臭ニンニクと称して売っている場合もある。

ダマされてるの？

いや、ダマされてない。それもニンニクだ。

わけがわからない。

要するに野蒜とは異なる臭いの強い食用の植物がニンニクってことだ。

なんか、ダマされた気分…。でも、臭わないからいいや。

最近は品種改良した臭いの少ないニンニクがあるから、それを食べればいいよ。キミは、ニンニクの臭いが嫌いなのかい？

あの臭い…大好き！

じゃあ、なんの問題もないじゃないか。

先生は？

ニンニクを食べたあとのゲップがたまらなく臭くて、自分の臭いで倒れそうになるな…。

食べ過ぎなんじゃない？

かもしれない。とくに淡路島のニンニクが大好きで、丸ごと1個を素揚げしたのを1人で食べちゃうぐらいだ。

それ食べ過ぎ！　先生より、周りにいる人が大迷惑だ。公害だよ！

臭いでキミに怒られるとは、心外だ…（苦笑）。

Q 社会と理科の受験勉強はいつから始めればいいですか。

私立高校を第1志望にしたいと考え、普段通っている塾では、国語・数学・英語の3教科を受講しています。ただ、公立高校も併願する予定なので、社会・理科をどう勉強したらいいのか悩んでいます。中3になってからでも間に合うでしょうか。

（さいたま市・中2・ES）

A いまのうちから少しずつ勉強していきましょう。

私立高校の多くは3教科入試ですが、一方で、多くの公立高校や一部の国立高校の入試は5教科で実施されるため、今回の質問のような、社会・理科をどのように勉強していくかという質問は多く見られます。

社会と理科については、公立高校入試に対応するための勉強をしましょう。公立高校入試における社会と理科は、基礎・基本を中心に出題されることが多く、いわゆる難問・奇問は出題されません。

ですから、この2教科については中3になってから受験の準備をしても間に合うという考えも成り立つとは思います。

しかしながら、社会と理科は、異なる分野で幅広い範囲から出題されるので、できることなら中2の時点から、少しずつ基礎を確認しておくことが望ましいでしょう。

具体的な学習方法としておすすめなのは、中学で実施される中間・期末試験などの定期試験に合わせて、その試験範囲をしっかり学習しておくことです。これが最も現実的で有効な受験準備になります。

また、社会や理科は暗記事項も多くありますので、それらを総まとめすることも必要になってきます。総まとめは中3になってから行えばいいのですが、定期試験のたびに学習したことをきちんと自分のものにしておけば、そうしたまとめもスムーズに行えますので、いまのうちから少しずつ勉強していきましょう。

Success Ranking

重要文化財・記念物の件数ランキング

神社仏閣や史跡、美術品などは文化財と名づけられ、国によって分類・登録がされている。国宝や重要文化財もその分類の1つだ。今回はそんな文化財のなかから、重要文化財と記念物の件数の都道府県別ランキングを紹介しよう。旅行先や自分の住んでいる県の文化財を調べてみるのもいいね。

重要文化財

順位	都道府県	件数
1	東京	2,731
2	京都	2,145
3	奈良	1,311
4	滋賀	813
5	大阪	664
6	兵庫	464
7	和歌山	385
8	神奈川	342
9	愛知	323
10	静岡	219
11	広島	208
12	福岡	198
13	三重	185
13	長野	185
15	岡山	167
16	愛媛	157
17	栃木	156
18	岐阜	152
19	山口	135
20	石川	129
30	埼玉	80
32	千葉	76

※データは文化庁より
※数字は2014年6月1日現在

記念物（史跡・名勝・天然記念物）

順位	国名	ポイント
1	奈良	143
2	京都	133
3	福岡	113
4	山口	90
5	北海道	87
6	島根	86
7	静岡	80
8	滋賀	78
9	沖縄	77
10	福島	75
11	大阪	73
12	岩手	71
12	岡山	71
14	兵庫	70
15	群馬	69
15	東京	69
17	神奈川	67
18	宮城	65
18	長崎	65
20	三重	64
20	宮崎	64
37	千葉	41
47	埼玉	28

受験情報

東　京

都立高校入試が再来年度に変更

東京都教育委員会は5月末、都立高校の一般入試の選抜方法を、再来年度から改善すると発表した。現在の中学2年生の受験時からの変更となる。

複雑化した選抜方法を共通化し、わかりやすく簡素化するため、学力検査の教科数と、学力検査と調査書の比率などが、課程や選抜回次ごとに統一化されることになる。

全日制での変更点としては、第1次募集（分割前期）は入試教科数を5教科に統一、これまで各校の選択に任されていた「学力検査と調査書との比率」が、第1次募集（分割前期）は7：3、第2次募集（分割後期）は6：4に統一される。

このほか「実技教科の評定を2倍する」などの詳細は7月に公表される。

埼　玉

早くも2016年度公立入試日程公表

埼玉県教育委員会は5月22日、早くも2016年度公立高校の入試日程を発表している。

現在の中学2年生の入試となる。

■入学願書等提出期間
2016年2月19日（金）・22日（月）

■志願先変更期間
2月24日（水）・25日（木）

■学力検査
3月2日（水）

■実技検査(芸術系)、面接（一部の学校）
3月3日(木)

■入学許可候補者発表
3月10日(木)

※埼玉県公立高校入試は、2012年度入試から前期・後期制を廃し、1回だけの学力検査で選抜している。

15歳の考現学

高校で伸ばすべきリーダーシップなどの非認知的能力
そのための準備を中学時代から始めよう

非認知的能力の高さが成功の要因になっている

「やる気や協調性、リーダーシップといった非認知的能力が、社会で成功する上で重要な要因であることは、一般によく知られている」という書き出しでこの章が始まる中公新書『競争と公平感』（大竹文雄著）の次の一節はなかなかいいですね。

すなわち「最近の実証研究では、高校時代のリーダーシップの有無が将来の所得に影響を与えることや、忍耐強さや協調性といった非認知的能力が所得にプラスの影響を与えることが確認されている」のだそうです。2001、2005、2006年、何人かの海外の研究者によってです。

これは、これから高校生になろうというみなさんにとって、とても貴重な識見ではありませんか。

お金持ちになれる、かどうかはわかりませんが、比較的豊かな暮らしができる、という希望はだれしも持ちたいものでしょう。「所得に影響を与える」というのはそういう意味ですね。

学校にいると、とかく認知的能力、つまり頭の問題とばかり考えがちですが、社会に出ると、むしろ「非認知的能力が成功要因」だと気づかされることが多くあるのは、冒頭の一文にある通り。

そして実証研究では、この大人の社会通念が妥当している、ということですね。頭より、いわば心の問題というべきでしょうか。あるいは、日本的な昔からの表現を用いると、腹とか腰とかが座っている、リーダー向きの性格というべきでしょうか。

そんな非認知的能力であるリーダーシップは高校時代にこそ、うまく形成されるといいというわけです。

ではどうしたら高校時代にリーダーシップがとれる経験ができるでしょうか。逆にどういったケースではその経験ができそうもないか、を考えてみましょう。

中学校から高校にそのまま進学する中高一貫校では、中学の人間関係がそのまま役割分担で続いてしまい固定化されることがよく起きます。

したがって中学ですでにリーダーであればいいのですが、中学でリーダーシップを発揮する場がなくて高

森上《もりがみ》 展安《のぶやす》

森上教育研究所所長。1953年、岡山県生まれ。早稲田大学卒業。進学塾経営などを経て、1987年に「森上教育研究所」を設立。「受験」をキーワードに幅広く教育問題をあつかう。近著に『教育時論』（英潮社）や『入りやすくてお得な学校』『中学受験図鑑』（ともにダイヤモンド社）などがある。

校で発揮できるか、というと現実的にはレアケースになりそうです。

もう1つは共学校における男子。もちろん男子だけのなかでのリーダーにはなれるでしょうが、全体のリーダーになるのは女子が近年は多数派です。そのなかで男子がトップになるのはかなり難しさがあります。

それと高校から入るクラブについてですが、全国大会常連校などには、生徒のなかにセミプロ級の逸材がそこここにいます。公立中学で強い、くらいでは太刀打ちできません。

自分がリーダーになりたいなら、あまりに強いクラブは敬遠すべきでしょう。とはいえ、あまりに弱いクラブでもおもしろくないでしょうから、その見極めが大切ですね。運動部に限らず文化部でも、猛者《もさ》のいるところがおもしろいのですが、彼我の差がありすぎると、やはりリーダーにはしてくれません。

すべてについてリーダーではなくとも、得意分野でリーダーシップを発揮する場が持てればよいのですから、山登りやキャンプ、英語の大会など、自らがチームをひっぱっていけるような行事があって、そこで学年があがるごとに力をつけていき、最高学年で全体を統括できる、とよいと思います。

近年は、このリーダーシップを育成するプログラムを海外の教育機関から指導されて実施しているところもありますが、できることなら、日本チームで海外の高校生と議論したり、責任者としてまとめたりする経験もしたい。そうすれば、身をもって異文化、多様性のなかでのリーダーシップのトレーニングもできるでしょう。そうした活動のある学校に進学すると多くの経験が積めるはずですね。

中学校でもやっておきたい リーダーシップの養成準備

さて、中学から準備できることはないでしょうか。

もちろん、これまで述べたような観点から所属集団としての学校を選ぶ、ということができます。

一方で、文字通りリードをするのがリーダーですから、人より強いものを「その道」で持っていることが大切です。よく10年ルールと言われますが、そこまでの精進とはいかなくとも中学3カ年の強みが活きる、という点から考えると、やはりクラブや個人の習い事がとりあえずフォーカスすべき分野です。

では学業はこうした分野に入らないでしょうか。頭の問題ではない、と言いましたが、研究チームを作ってそこのリーダーになる、ということは、十分なリーダー経験です。

色々とあげてきましたが、とくにこれまでの大人と違う点は、少子化で1人っ子が多く、グループ経験が少ないうえ、以前はあった幼年期のギャング集団のような経験がいまはほとんどない、ということがあげられます。

加えて、日本の文化のなかでは仏教や儒教という伝統的な考え方が支配的で、つねに自らのことについて考えを深める思考には慣れていますが、グループや社会について、きちんと学ぶ機会に乏しいのです。

体験がないうえに、学習の機会もなく、グループ、またそこでのリーダーシップのあり方についてなんらかの行動をとろうとしても、それはそれほど簡単ではありません。

幸か不幸か1人っ子が多いために、大人のいうことに対してあまり異議が唱えられず、表面的には話し合いなどでスムースに物事が運ぶことが多いように見えます。

しかし、論争的な事柄について、どこまで感情的にならず、相互の利害調整ができる生産的な議論ができるかと考えたとき、これはもうそうしたトレーニングをやれている、とは到底思えないのが現状ではないでしょうか。

幸い私立中学などでは学校行事で役割が与えられ、交渉ごとを生徒自らが苦しみながらやりとげるという例が結構あります。「艱難汝《かんなんなんじ》を玉にす」ではありませんが、言葉を磨き、相手に納得してもらい、自らの立場も強化していく、という交渉ごとを本当は学校でこそやっておきたいですね。

中学からできることのなかで、こうした言語技術学習などは、高校でのリーダーシップ発揮につながる力になることでしょう。

幸い学習指導要領のなかに討論があったり、クリティカルシンキングであったり、そうした言語技術に関する教育目標がいまは明記されています。

学校での取り組みは始まったばかりのところが多いのでしょうが、少し学校外に目を向ければ、そうしたトレーニングをうたっているところも少なくありません。中学からリーダーシップの練習をやりましょう！

私立
INSIDE

2014年度
都内私立高校
入試結果分析

志望校、併願校を決めようとするとき、前年度入試結果の分析は欠かせません。今月号のこのページでは、この春（２０１４年度）の東京都内の私立高校入試はどうだったのか、すべての学校は掲載しきれませんが、判明している志願者数、合格者数から難化した学校、易化した学校を調べました。

（分析　新教育研究協会）

１８３校が高校募集
２校が共学化し女子も募集

東京都内の２０１４年度私立高校入試は、**高輪**と**京北白山**が募集停止としたため、昨年度より2校少ない１８３校が入試を行いました。

また、男子校だった**安田学園**と**岩倉**が共学校として募集を開始しています。

男子難関校が軒並み
合格者数を増やす

学習院、**巣鴨**、**開成**、**城北**、**桐朋**の男子難関校では合格者数を増やしたところがめだちました。

学習院は前年度の20人より5人増やして25人の合格者を出しました。

開成は合格者１８５人と前年度より約20人増やしました。１８０人以上の合格者を出したのは最近の5年間ではなかったことです。

城北も1回、2回入試を合わせて３２１人の合格者を出しました。３００人を超える合格者を出したことはやはりこの5年間ではありません。

桐朋は前年度実質倍率ダウンの反動と新校舎完成の影響で志望者が19人6％の微増となりましたが、合格者数も２１６人と17人増やしました。こちらも２００人を超えたのはこの5年間ではなかったことです。

各校とも志願者数はほぼ前年度並みを確保していますが、このように合格者数を増やしたため実質倍率はダウンしました。このことは第1志望者の減少、併願者の増加によるものと考えられます。

巣鴨の合格者数は前年度と同じで実質倍率もほとんど変わりませんでした（１・51倍→１・54倍）。

一方で、女子難関校の**慶應義塾女子**と**豊島岡女子学園**では男子難関校のような傾向は見られませんでした。

慶應義塾女子は推薦定員を倍の20人に拡大したため志望者が前年度（56人）のほぼ倍の１０３人を集めました。一方で、一般入試は51人10％の減です。志望者が推薦入試にシフトしたことや前年度に実質倍率がアップした反動が現れたと思われます。合格者数はほぼ前年度並みだったため志望者数が減少したぶん実質倍率はダウンしました（２・94倍）。

豊島岡女子学園の推薦入試は出願基準の選択肢に5科21を加えたことで志望者が34人増加して107人となり実質倍率も1・55倍から2・23倍に上がり厳しい入試になりました。一般入試も志望者が59人11%増加しました。**慶應義塾女子**からの移動もあったのかもしれません。合格者は前年度並みとしたため実質倍率は上がりました。**豊島岡女子**の実質倍率は上がったり下がったりしています。

江戸川女子は一般入試でⅢ類の志望者が27人30%増加しました。前年度の実質倍率ダウンの反動と思われます。しかし合格者も増やしたため実質倍率はさらに下がって1・44倍になりました。最近の5年間では最も低い倍率です。

共学の大学附属校では志望者減がめだちました。

明治学院は1回目の一般入試日を2月11日から10日に変更した影響で、男子は24人11%減、女子は120人31%減と女子が大幅に減少しました。2回目の2月21日は、男子の志願者が33人21%の増となっているので、男子は10日から21日受験へ移動したような形です。女子は2回目も13人6%の微減となりました。

青山学院は中等部の卒業生が少なかったこともあり、高校募集の定員を増やしましたが、女子の志望者が22人7%減と微減となりました。女子の実質倍率は3倍を切って（2・97倍）、最近の5年間で最も低い倍率になりました。男子は逆に23人9%増となりましたが、女子同様合格者を増やしたため、実質倍率は2・94倍から2・55倍にダウンしました。やはりこの5年間での最低倍率です。

中大系列は易化 明大明治も志望者減

中大系列では**中大杉並**、**中大附属**、**中大高**ともに志望者減となっています。

中大杉並は男子111人19%、女子56人17%の減、男女とも合格者を増やしたため実質倍率は1倍台（男子1・79倍、女子1・82倍）までダウンしました。

中大附属は昨年度、附属中からの最初の内進生があったため募集数を減少し、その結果実質倍率が大幅にアップしましたが、今春はその反動で志望者減となりました。男子は63人13%減、女子は47人16%の減となり実質倍率も男子2・78倍→2・50倍、女子2・65倍→2・45倍とそれぞれ下がりました。

中大高は、男子の志望者が62人22%の減となり、実質倍率は2・75倍となりました。2年連続で2倍台にとどまったのは同校としては異例の入試状況です。

明大明治も男子の志望者が135人28%と大幅に減少しています。その一部は、**青山学院**や**明大中野八王子**に流れたようです。合格者も絞っていますが、実質倍率は2・50倍から2・15倍にダウン。女子はほぼ前年度並みの志望者を集めましたが合格者を若干増やしたため実質倍率は3・64倍から3・07倍へと易化しています。男女ともこの5年間で最も低い実質倍率となりました。

男子進学校では 昨年度並みの志望者

一方、**成城**、**本郷**、**足立学園**といった男子進学校や、大学附属の男子校、**日大豊山**、**明大中野**は前年度並みの志望者を集めています。

成城は1年前に完成した新校舎の効果と、前年度の実質倍率ダウン（1・31倍）の反動と思われます。なお、この夏には特別教室棟が完成する予定です。

本郷は合格者数を絞って実質倍率も上がりましたが（1・78倍→1・95倍）、1倍台が3年間続いています。入試直後の3月に新2号館が完成しました。

足立学園は普通科の志望者が22人21%の増、文理科は13人14%の減となりましたが、学校全体ではほぼ前年度並みの志望者数となりました。

日大豊山は合格者数を絞ったため実質倍率は1・31倍から1・42倍にアップしました。**明大中野**も同様です。合格者数を前年度の323人から280人に絞ったため、実質倍率が2・61倍から3・09倍にアップしました。

女子校でも募集増 共学校にも難化校が

女子校では、定員を増やして基準を緩和した**十文字**と**東京純心女子**の志望者が増加しました。

十文字はスーパー特選の定員を20人から30人（推薦15人、一般15人）に増、合わせて推薦基準を緩和しました。その結果、推薦入試（AC推薦）の受験者が増加（6人→19人）し、B推薦も倍増（57人→113人）、一般入試も30人から52人へ増加しました。今年1月に新校舎が完成したので、その影響もあったものと思われます。

東京純心女子は定員を40人から60人（推薦30人、一般30人）に増やして、推薦、併願基準ともに緩和しました。その結果、推薦志願者数が前年度の4人から17人へ、一般志願者数が6人から27人へと増加しています。

また、**日大豊山女子**も普通科の志望者数が増加しました。埼玉県からの受験生が増加している可能性があります。

共学の進学校も志願者増がめだっています。

青稜は、男子の志願者が91人21%、女子は202人46%と大幅に増加しました。前年度以上に神奈川県からの受験生が増加したようです。今年9月に新校舎が完成することも好影響なのでしょう。

錦城は普通コースの推薦定員を減らし（150人→120人）、そのぶん一般入試の定員を増やしました（190人→220人）。その影響なのでしょう、志願者が58人9%増えています。ただ合格者数も合わせて増やしたため、実質倍率はほとんど変わりませんでした。特進コースは前年度とほぼ同様の志願者数となりましたが、合格者数を若干多く出したため実質倍率は下がっています（1・94倍→1・78倍）。

東洋も志願者が増加しました。総合進学コースの定員を増やし（80人→120人）、併願優遇制度を導入したことによるものでした。推薦入試には94人（昨年度は40人）、一般入試には204人（昨年度は41人）の受験者が集まりました。

宝仙学園理数インターは高校募集が周知された模様で、志願者数が増加傾向となっています。志願者数は前年度より78人48%と大幅に増加しています。それに合わせて合格者を増やしたため実質倍率は少し下がりました。

共学の大学附属校では志願者が増えたところ、減ったところさまざまです。

東京都市大等々力は近年伸びてきている学校の1つですが、33人19%の増加です。推薦定員を35人から20人に減らしてそのぶん一般入試の定員を増やしました（35人→50人）。

日大二は、昨年度の志望者減、実質倍率ダウンの反動で、男女合わせて111人33%の増加となり実質倍率も2・40倍と2倍を超え、厳しい入試になりました。

日大鶴ヶ丘の「特進」や**國學院**からの移動があったと思われます。**帝京大学高**は46人9%の増となり合格者数も絞ったため実質倍率も1・32倍から1・50倍にアップしました。**中大附属**や**八王子学園**「文理特進」からのくら替えがあったのかもしれません。

明大中野八王子は87人17%の増です。この2年間低い実質倍率が続いていたので、その反動と**明大明治**からの移動もあったようです。

桜美林は書類選考の志願者が144人26%の増となりました。そのほかの入試の志望者は増えていないので書類選考型入試がいかに需要があるかを示した格好となっています。

明治学院東村山は女子の志望者が33人33%の増となっています。昨年度は女子が50人33%減少していましたので元に戻った形です。**中大附属**や**法政大高**からの移動と思われます。

志願者減の学校は昨年度の反動が出た

一方、志願者が減少したところを挙げます。

東京農大一は昨年度、志望者が増加して実質倍率が上がり、厳しい入試となっていましたが、今春はその反動で男女合わせて120人20%の減となりました。

國學院久我山は志願者数が減少傾向です。合格者数は一定の数を出しているため実質倍率も下降傾向です。

法政大高は推薦定員を30人から40人に増やし、一般定員をそのぶん減らしました（62人→52人）。このため推薦受験者は増加しましたが、一般入試の志願者は66人16%の減となりました。昨年度実質倍率がアップしていた反動が出たもようです。

日大三も推薦定員を50人から60人に増やして、一般定員を80人から70人に減らし、さらに併願優遇制度を廃止しました。そのため一般入試の志願者が692人から177人へと大幅に減少しました。推薦入試は61人の志願者があり定員を満たしています。

大学附属校健闘 昨年の反動で易化校も

大学附属校についてさらに見ていくと、**日大櫻丘**は、一般入試の志願者が48人11%の増となりました。このところ低めの実質倍率で推移していたので、その反動がきたようです。**専大付属**からの移動も考えられます。

移転した**立正大付属立正**は定員を１２０人から１４０人に増やしたことや新しい校舎の人気もあって推薦一般ともに志願者が増加しました。一般入試は70人34%と大幅増です。

文教大付属は、推薦入試、一般入試ともに志願者増です。昨年度の一般入試は志願者減で実質倍率も下がり同校としては緩やかな入試になっていたのでその反動と思われます。実質倍率はわずかに上がりました。

目白研心は推薦、一般入試ともに受験者が増加しました。推薦入試は22人29%、一般入試志願者は68人28%の増です。**都立目黒**や**東久留米総合**からの流れが考えられます。

駒大高は併願志願者が１２０人39%と大幅に増加しました。神奈川県からの志願者がさらに増加したと思われます。

成城学園は前年度の倍率ダウンの反動で、志願者が21人15%の増となり合格者を若干絞ったため実質倍率も１・８６倍から２・３１倍に回復しています。

文化学園大学杉並は総合コースの受験者が増加しています。Ａ推薦は16人25%増、一般入試は１回目の入試日を２月10日から11日に変更したこともあり、志願者28人37%の増となりました。ただ、合格者数も増やしたため、実質倍率は緩和しています。

大東大一は基準を緩和したことで推薦入試、一般入試ともに受験者が増加しました。

多摩地区の大学附属校で増えたところでは**拓大一**と**東海大菅生**があげられます。

拓大一は昨年度の実質倍率ダウンの反動か、志願者が４６５人26%も増加、実質倍率も１・２２倍まで上がり、前々年度の水準に戻しました。

東海大菅生は総合進学コースの推薦入試で36人23%増となっています。

一方、志願者が減少したところは前年度の高倍率の反動によるケースが多いようです。

國學院は昨年度の実質倍率が大きくアップしていたため今年度はその反動がきました。２月10日入試では男女合わせて１３４人10%の減となって実質倍率も１・６６倍に下がりました。

専大付属も昨年度の反動です。とくに男子が68人22%減少しました。男子の実質倍率は昨年度の大幅アップから今年度は１・３３倍まで下がりました。

日大一は推薦入試の受験者は増加しましたが一般入試の志願者が減少しました。一般入試では昨年度の実質倍率が１・３２倍から２・６８倍へと大幅にアップした反動が出ています。しかし、合格者を増やしたため実質倍率は１・６１倍まで下がっています。

東京電機大高は、一般入試の志願者数が増えたり減ったりしています。今年度は昨年度の志望者増の反動で61人24%の減となりました。**錦城**に流れたものと思われます。

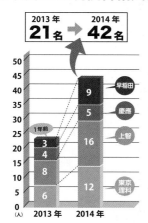

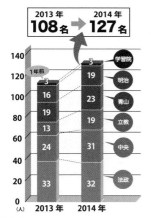

2014年度都立高校の「大学合格力」はどこまで伸びたか？

今春、都立高校の進学指導重点校から難関大学（東大、京大、一橋大、東工大、国公立大医学部医学科）への合格者数の合計は352名で、指定以来の最多記録を更新しました。加えて、中高一貫校や進学指導特別推進校などから、上位の大学への合格件数が増えてきました。今回は都立高校の「大学合格力」を調べました。

「難関大」現役合格をめざす進学校のグループ指定

東京都では、大学進学にとくに力を入れる学校を、次の4つのグループに分けて指定しています。

①進学指導重点校（進学重点校）
日比谷、**戸山**、**西**、**八王子東**、**青山**、**立川**、**国立**の7校。

②進学指導特別推進校（特推校）
小山台、**駒場**、**新宿**、**町田**、**国分寺**、**国際**の6校。

③進学指導推進校（推進校）
三田、**豊多摩**、**竹早**、**北園**、**墨田川**、**小松川**、**城東**、**江北**、**江戸川**、**日野台**、**武蔵野北**、**小金井北**、**調布北**の13校。

④中高一貫6年制教育校（一貫校）
＊桜修館、**富士**、**大泉**、**＊小石川**、**白鷗**、**両国**、**＊南多摩**、**＊立川国際**、**武蔵**、**＊三鷹**の10校（＊は中等教育学校で、高校募集は行いません）。

また、東京都では、東大、京大、一橋大、東工大および国公立大医学部医学科を「難関大学」と位置付けて、これらの大学に現役で合格することを、都立の進学校の目標に掲げています。

このため、①の進学重点校は「難関大学を目指す学校」、②の特進校は、「難関大学を中心とした進学実績の向上を目指す学校」、③の推進校は、「国公立大学及び難関私立大学への進学を目指す取組を強化する学校」として、それぞれ、毎年その成果を評価されています。

また、④の中高一貫校も「進学指導重点校等と同様に、組織的・計画的な進学指導を推進することができるよう都で支援する」としています。

[グラフ1] 難関大の現役合格者数推移（重点校）

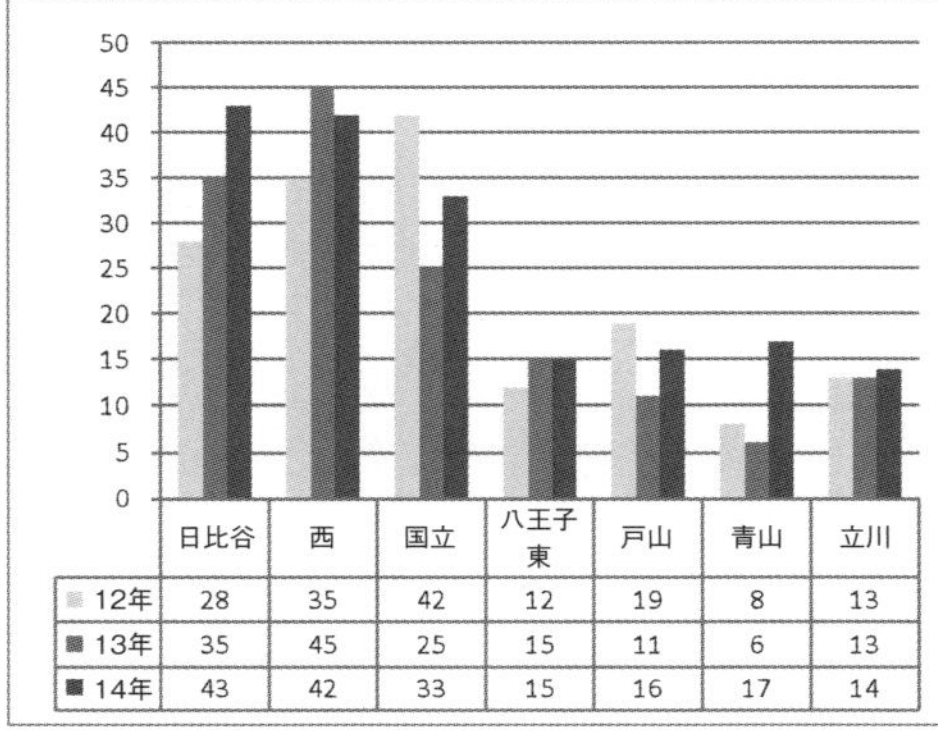

	日比谷	西	国立	八王子東	戸山	青山	立川
12年	28	35	42	12	19	8	13
13年	35	45	25	15	11	6	13
14年	43	42	33	15	16	17	14

進学重点校の見直しと青山のV字回復

進学指導重点校は、4年前、指定

の見直しが行われました。東京都の定めた基準は3つありましたが、このうち『難関大現役合格者数15名』に遠くおよばない**青山**には、正式な指定が行われませんでした。

ただし、進学指導重点校の看板のもとに入学した生徒がいる2年間は指定を継続し、この間の大学合格実績を見極めて、再指定を検討するという「裁き」がくだりました。

その1年目の昨年、**青山**の難関大現役合格者数は「6名」でした。『15名』には程遠い数字です。再指定は絶望的でした。

ところが、今年、**青山**の「難関大」現役合格者数は「17名」と、劇的に回復しました【**グラフ1**】。5月には、**日比谷**などほかの6校と同じ、2017年度までの指定を都から勝ち取りました。

青山の「難関大」現役合格者数の内訳は、東大3名、一橋大9名、東工大3名、国公立大医学部2名の合計17名でした。

この数字は、**日比谷**（43名）、**西**（42名）、**国立**（33名）に次ぐ、進学重点校では4番目の数字で、**戸山**（16名）、**八王子東**（15名）、**立川**（14名）を上回りました。

5年前と比べて、今春の**青山**の国公立大学合格者数（現浪計）は、67名から137名に、早慶上理合格件数は、116件から217件に増えています。

着実に伸びる実績 競争激しい上位3校

【**グラフ2**】は、進学重点校の「難関大」合格者の2009年からの推移を示しています。

7校合計の合格者数は、この7年間で、現役が132人から180人に、浪人は138人から172人に、総数では、270人から352人に、80人以上増え、約1・3倍と着実に伸びています。

【**グラフ3**】は、**日比谷**、**西**、**国**

［グラフ２］進学重点校の難関大合格者数（７校計）

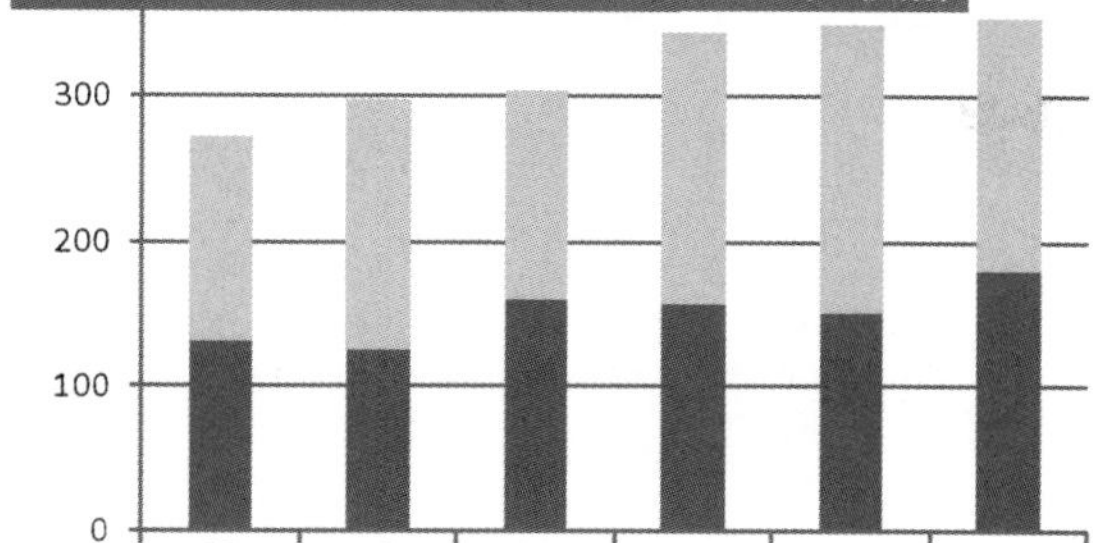

	09	10	11	12	13	14
浪人	138	171	142	185	197	172
現役	132	125	160	157	151	180

［グラフ３］日比谷＋西＋国立の難関大合格者数

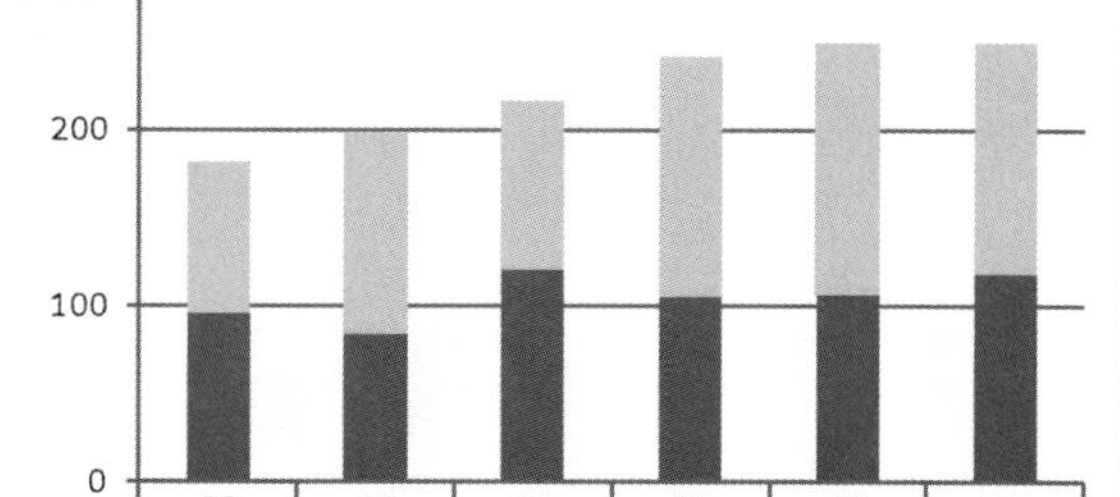

	09	10	11	12	13	14
浪人	84	113	95	136	143	131
現役	96	84	121	105	106	118

2014年度の難関大合格者数（重点校）

学校名	難関大合計	うち現役	東大	一橋	東工大	京大	国公立大医学部
日比谷	77	**43**	37	7	10	6	17
西	96	**42**	31	15	17	15	18
国立	76	**33**	24	20	16	6	10
八王子東	27	**15**	7	7	10	1	2
戸山	27	**16**	6	7	6	4	4
青山	24	**17**	3	12	5	2	2
立川	25	**14**	2	8	10	2	3

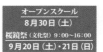

立の3校の合計の推移です。2014年の現浪計では、3校の合格者の合計が、重点7校全体の約7割を占めています。3校が全体をリードする形がはっきりとしてきました。

【グラフ1】の難関大の現役合格者数推移をみると、2012年は、**国立**が42名でトップに立ち、続く**西**は35名、**日比谷**は28名で3番手でした。2013年、**西**が45名に伸ばし、**日比谷**も35名と伸長、一方、**国立**は25名に大きくダウンしました。今春は、**日比谷**が43名で、42名の**西**を抑え、トップに立ちました。上位3校のデッドヒートが続いています。

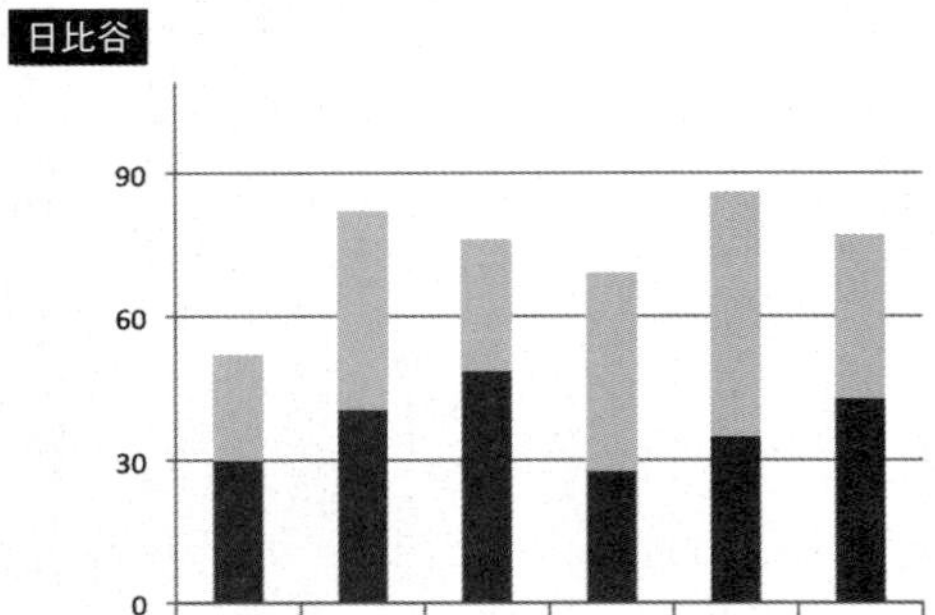

	09	10	11	12	13	14
浪人	22	41	27	41	51	34
現役	30	41	49	28	35	43

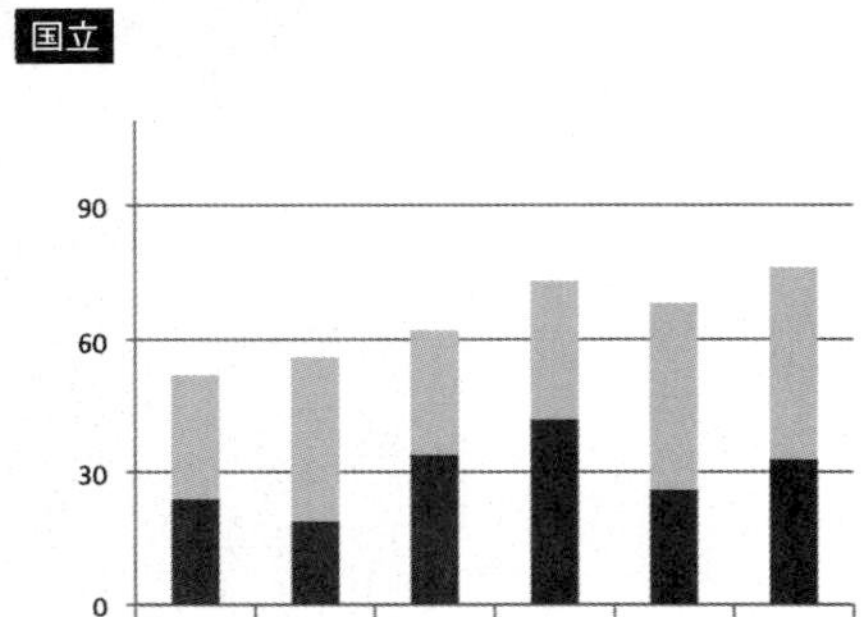

	09	10	11	12	13	14
浪人	28	37	28	31	42	43
現役	24	19	34	42	26	33

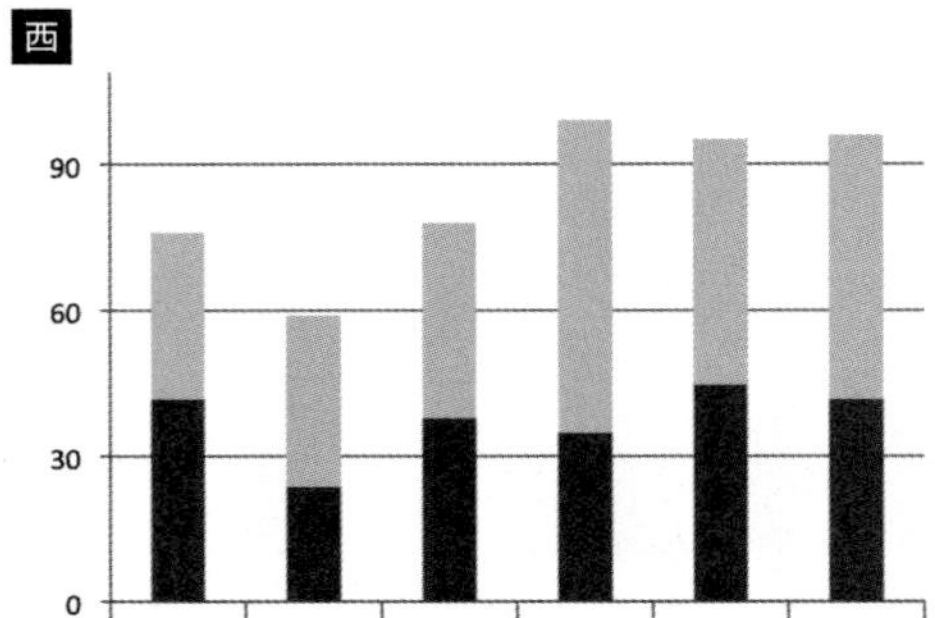

	09	10	11	12	13	14
浪人	34	35	40	64	50	54
現役	42	24	38	35	45	42

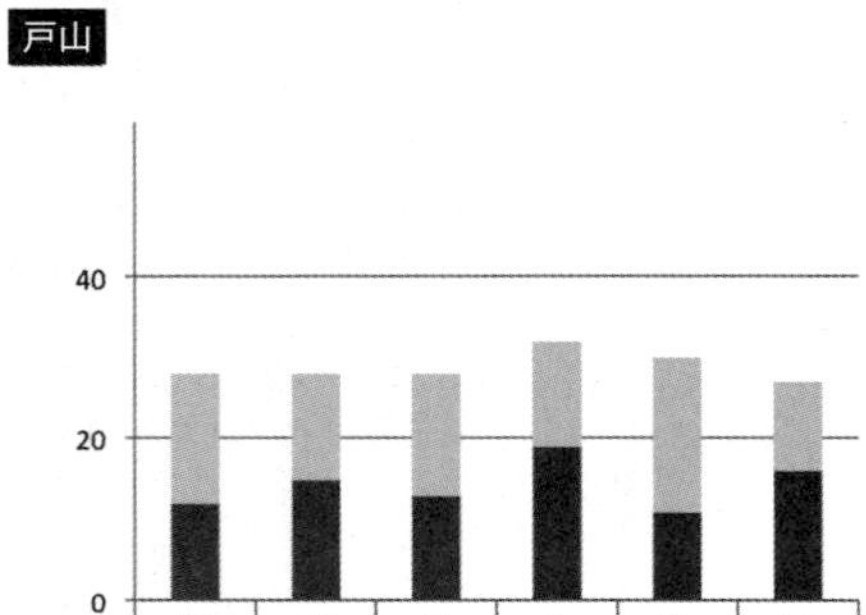

	09	10	11	12	13	14
浪人	16	13	15	13	19	11
現役	12	15	13	19	11	16

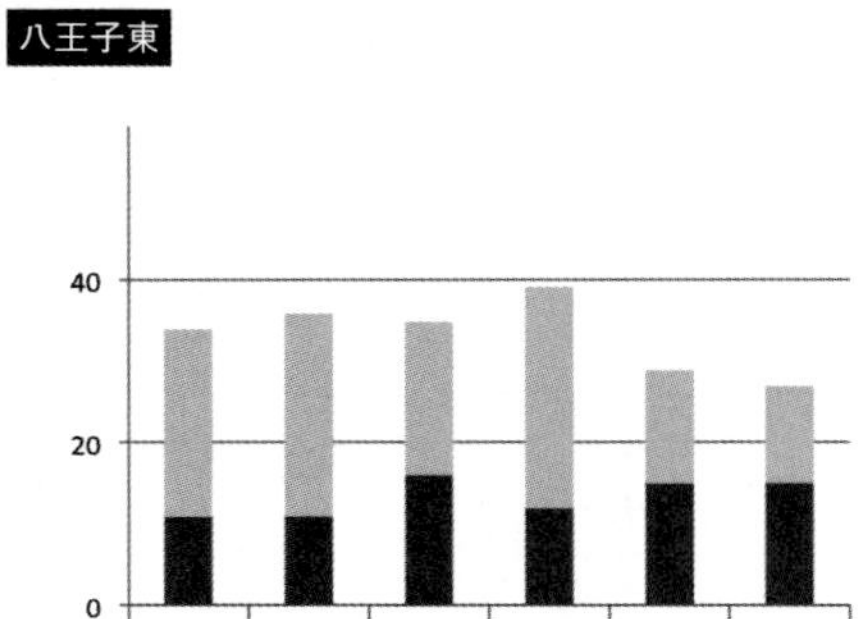

	09	10	11	12	13	14
浪人	23	25	19	27	14	12
現役	11	11	16	12	15	15

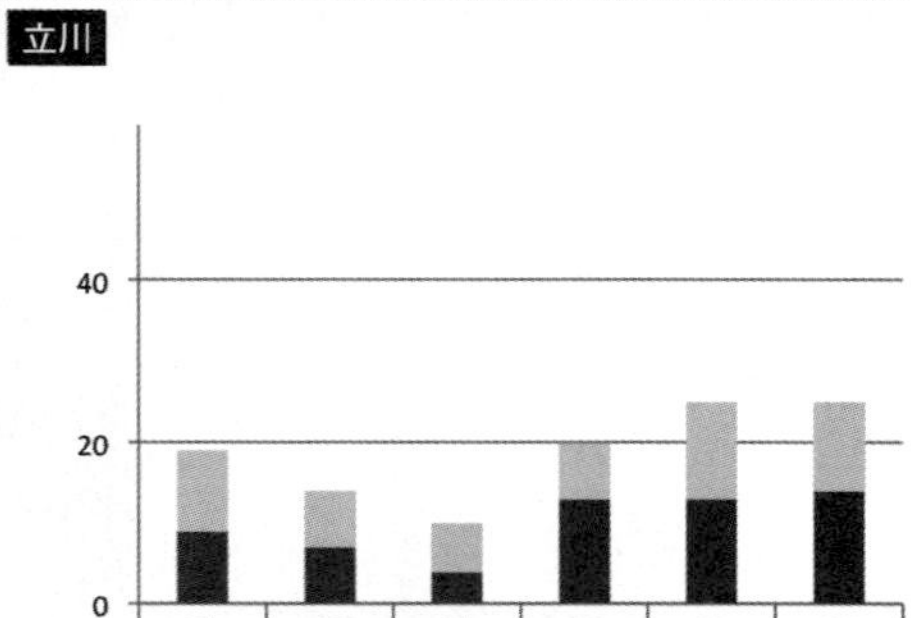

	09	10	11	12	13	14
浪人	10	7	6	7	12	11
現役	9	7	4	13	13	14

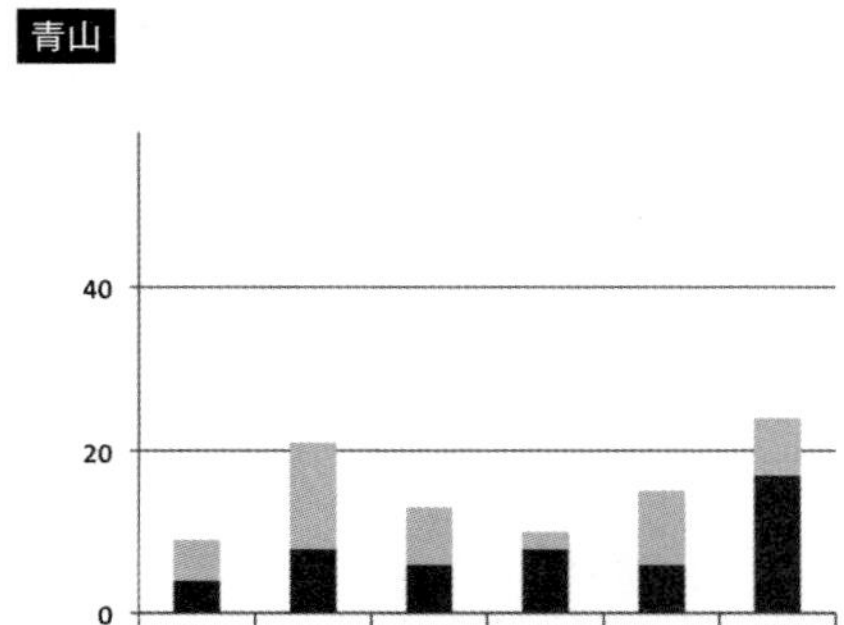

	09	10	11	12	13	14
浪人	5	13	7	2	9	7
現役	4	8	6	8	6	17

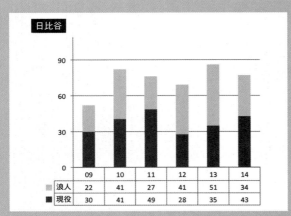

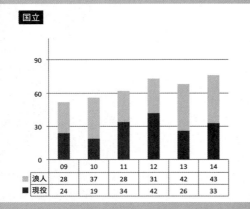

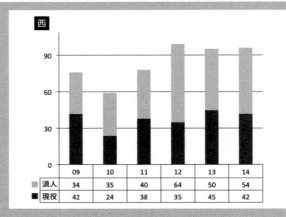

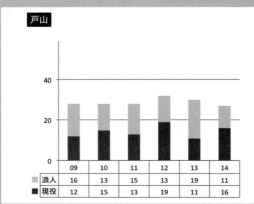

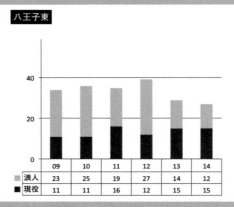

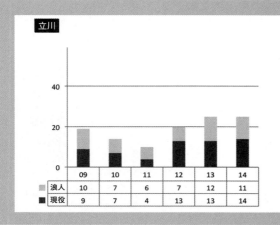

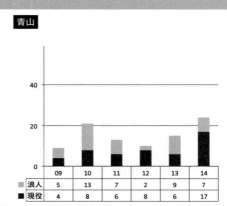

中高一貫校や特別推進校も伸びる

難関大への現浪計合格者数では、中高一貫校の伸びもめだつようになりました。下の「難関大（現浪計）一貫校」のグラフでわかるように、２０１３年→今春で、**小石川**…15名→20名、**武蔵**…３名→17名、**立川国際**…０名→７名と合格者数が増えています（ただし、**小石川と立川国際**は高校からの募集がありません）。

国公立大学への合格者数（現浪計）は、**白鷗**…56名、**両国**…73名、**武蔵**…75名で、早慶上理の合格者数と合わせると、１５０名以上になる学校が増えています。

特別推進校の国公立大学合格者数も伸びています。

２０１３年→今春（現浪計）では、**小山台**…83名→95名、**駒場**…51名→64名、**新宿**…90名→91名、**町田**46名→61名、**国分寺**…１０９名→１１1名、**国際**…21名…20名（ただし現役は15名→16名）と全校が上昇傾向です。

下の「早慶上理（現浪計）特推校」のグラフでも、６校中６校が、合格者数を伸ばしています。特別推進校の躍進ぶりがわかると思います。

難関大（現浪計）一貫校

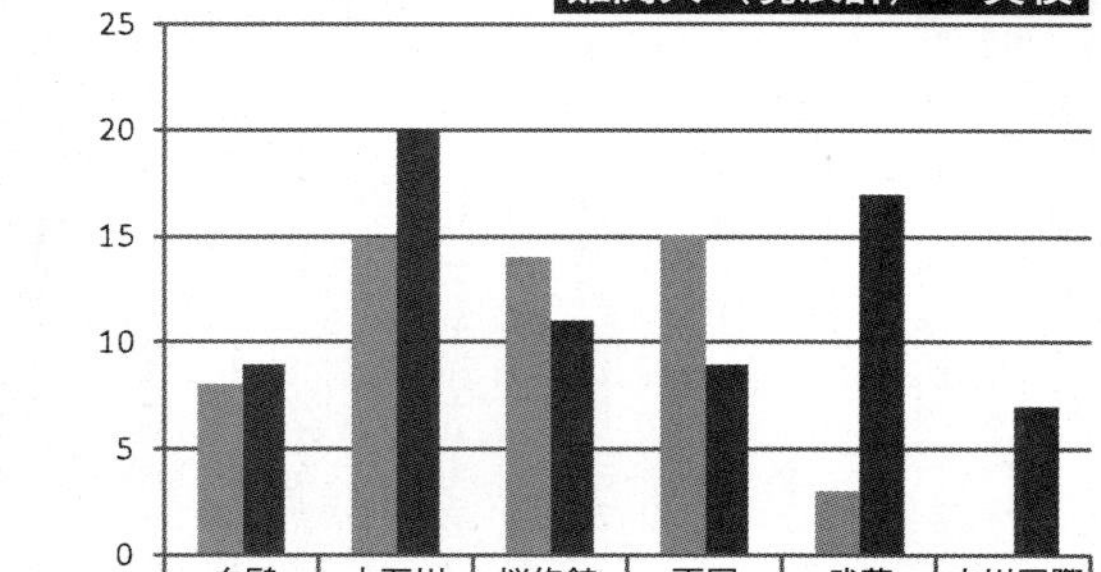

	白鷗	小石川	桜修館	両国	武蔵	立川国際
13年	8	15	14	15	3	0
今春	9	20	11	9	17	7

早慶上理（現浪計）進学重点校

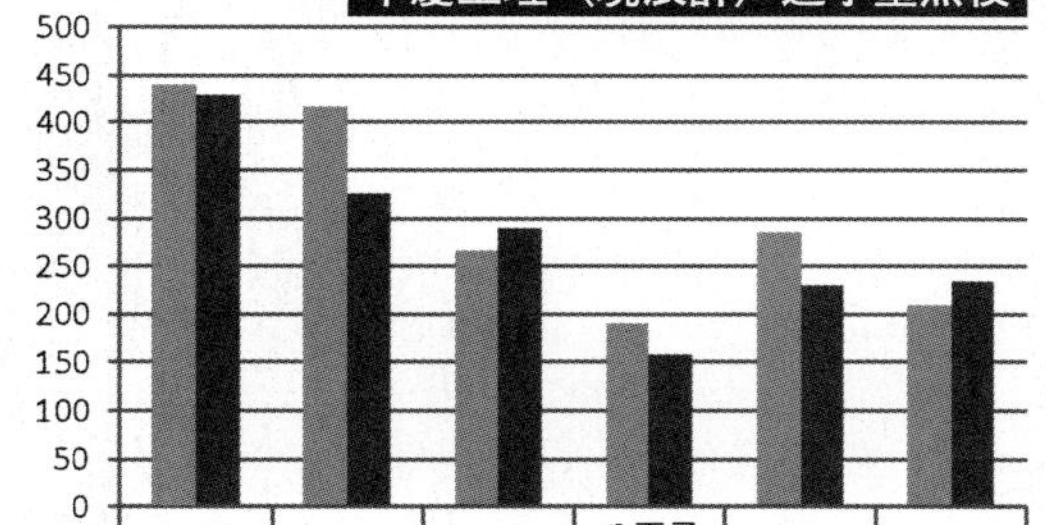

	日比谷	西	国立	八王子東	戸山	青山
13年	440	416	266	190	286	209
今春	430	326	290	158	231	234

早慶上理（現浪計）一貫校

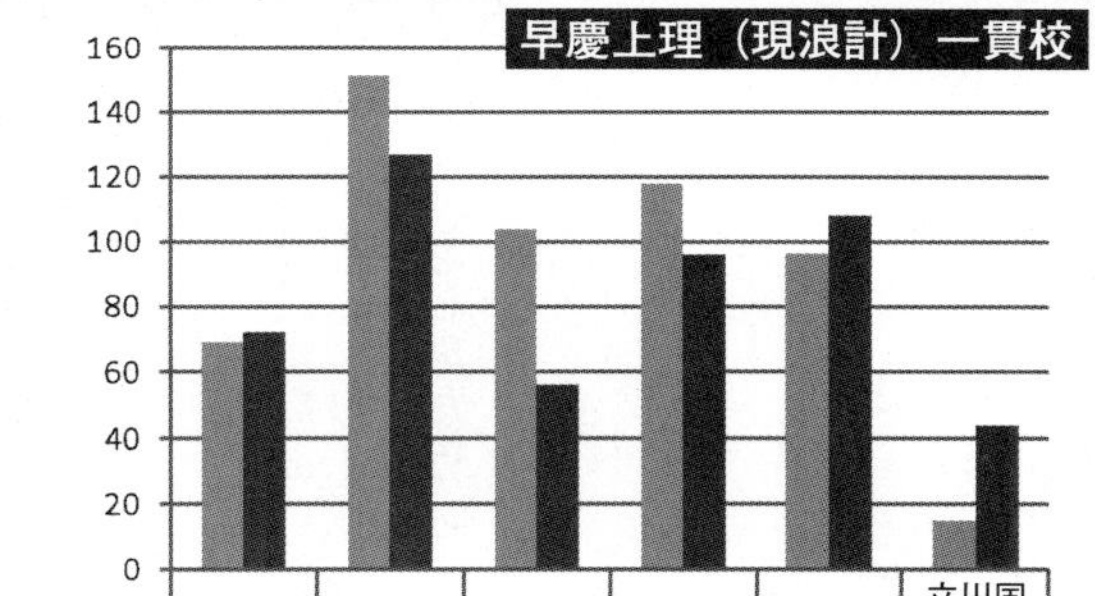

	白鷗	小石川	桜修館	両国	武蔵	立川国際
13年	69	151	104	118	96	15
今春	72	127	56	96	108	44

早慶上理（現浪計）特推校

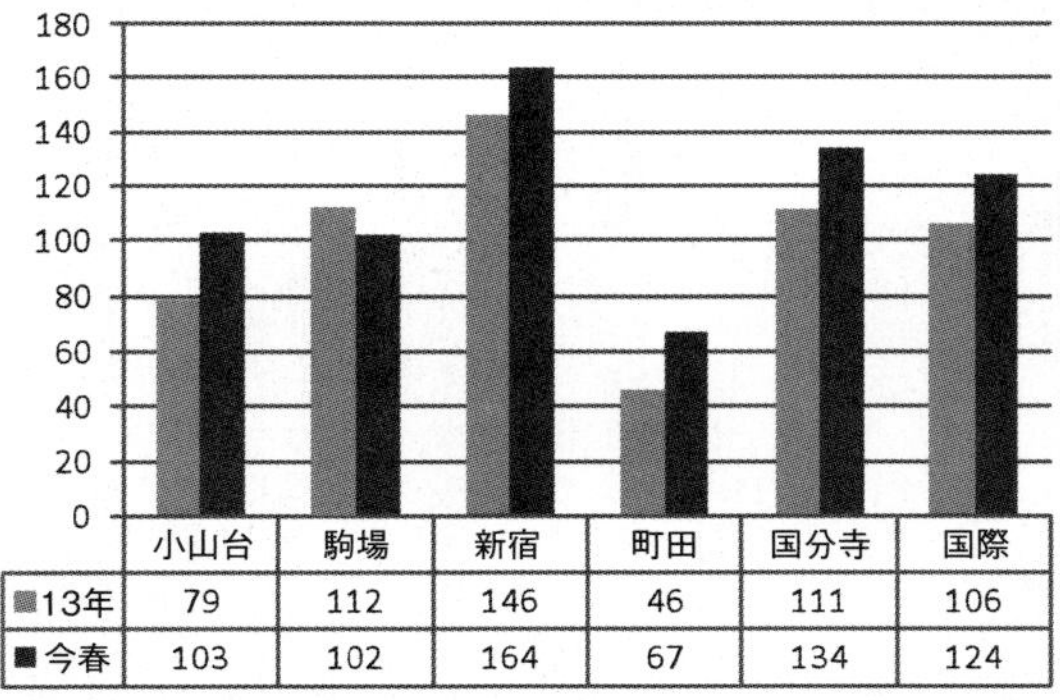

	小山台	駒場	新宿	町田	国分寺	国際
13年	79	112	146	46	111	106
今春	103	102	164	67	134	124

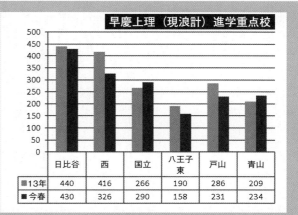

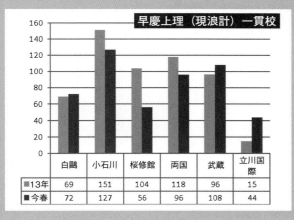

学校説明会で見てくるべきポイントは

前号では学校選びを具体的に進めるためにどんなことに気をつけたらよいかについてお話ししました。そのなかで学校説明会に出かけることの必要性を説いてきましたが、今回は、実際に学校説明会に参加したとき、どんなことに注意しながら学校を見てくればよいかについて、そのポイントをお話しします。

受験可能性がある学校の説明会には参加しよう

「学校説明会」とは、その学校への入学を志望する受験生やその保護者に向けて、学校の魅力や学校生活の様子、募集要項、入試に関する注意点などをお知らせするために、学校が開催するイベントです。

もともとは私立高校が積極的に行っていましたが、現在では公立高校も年に数回の学校説明会を開催するようになっています。

この時期、私立高校のなかには、すでに第1回の学校説明会を終えているところもありますが、首都圏では、ほとんどの高校の学校説明会が夏休みに入ってから始まり、11月ごろまでの間に集中しています。

前述のように、公立高校も積極的に学校説明会を開催するようになっていますし、受験生・保護者に向けたものだけでなく、進学塾の先生方に向けた学校説明会も行われています。

学校説明会とは銘打たなくても「授業見学会」や部活動も体験できる「オープンキャンパス」などを行っている学校もありますし、授業見学を随時受け入れている学校もあります。

また、さまざまな形態で、大小の「合同学校説明会」も開催されています。

これらの説明会日程は、各校ともすでにホームページなどで発表しています。まずは日程を確認して足を運んでみましょう。

とくに、説明会の回数が少ない学校は初秋に集中します。

志望校の説明会日程が重複してしまう場合もありますので、その日はどちらを優先するのか、早めの確認が必要です。

高校入学後に「こんなはずでは…」などということにならないためにも、受験可能性のある学校説明会へはぜひとも参加しておきたいものです。比較することによって学校を見る目も養われ、併願校を絞り込む際に重要なポイントにもなります。

校風や在校生の様子 交通の便や環境まで見る

さて、学校説明会に足を運んだ際、チェックすべきポイントについて話を進めます。

■校風

教育理念・目標、また、どのような生徒の育成をめざしているのか。面倒見はどうか、生徒の主体性に任せているか、逆に生徒に任せ過ぎてはいないか、校則は厳しいのか、学力だけでなく生活指導も充実しているか、「厳しい学校」なのか、「伸びのびした学校」なのかなどを確認しましょう。

もちろん大切なことは、校風が自分に合っているかどうかです。

中学生なら「自由な学校がいい」と考えがちですが、そこには落とし穴もあります。

人から言われなくても自分で計画を立てて勉強できるという生徒ならば、伸びのびとした「自由な学校」もよいのですが、逆に、自分で計画を立てて勉強できないのならば、きちんと生徒1人ひとりの面倒を見てくれる学校の方がよいのではないでしょうか。

■在校生の学校生活

学校を見に行ったら、在校生の様子を見てくることが大切です。

・活発で目が輝いているか?
・あいさつの有無
・先生と生徒の距離は?
・服装、頭髪、持ちものは?

などについて観察します。

その際には、「自分はそういう生徒たちと友だちになれるか」という視点で見てみることです。

■授業時間と教育内容

・日々の課題や予習の量と内容
・授業時間や時間割(1時限は学校によって45分、50分、65分、70分などさまざま)
・土曜日は授業を行うのか
・始業時間と終業時間
・部活動の時間制限

などを聞いてきましょう。

高校によっては日々の課題をたくさん出す学校があります。進学校のなかには、課題の量が中学校時代とは比較にならないほど多い学校もあります。

じつは高校生の悩みの大半が、課題の多さや授業の進度についていけないことにあるといいます。案内係の在校生に気軽に話しかけて確かめましょう。

■補習や土曜授業の有無

補習の実際、土曜をどのように活用しているか、国公立大コース、私大コース、理系・文系コースなどコース選択の実際や、各コースの大学進学対策を知っておきましょう。

放課後に予備校に通う費用は、保護者にとっては大きな負担となります。大学受験対策として学校側がとっている方策も確かめたいことの1つです。

■部活動・行事

部活動に力を入れているか、興味のある部活動があるか、設備は充実しているかなども重要です。

体験入学で部活動体験ができる学校もありますので、よく調べましょう。

学校行事では、体育祭の様子や修学旅行(国内・海外、その費用)、文化祭、合唱祭などの規模や楽しさなども確かめます。

■進学実績

大学への合格者数だけでなく、実際の進学実績を知っておきたいところです。私立大学の場合、1人でたくさんの大学を受験することが可能ですので、合格者数という数字は、ある意味あいまいです。

これらのことに限らず、学校説明会では、学校案内パンフレットには書いていない情報や資料をもらえることもあります。

■交通の便と立地環境

その学校が自分に合っているかどうかという点でとくに重要なのが、交通の便です。毎日通学するのですから、自宅から学校までの経路について、電車やバスの時刻表、乗り継ぎの良し悪しなどをチェックします。

また、学校の立地環境も重要です。

前号でも触れましたが、周辺の様子(繁華街、ゲームセンター、危険な場所などの有無、騒音、自然環境など)はもちろん、文房具屋、書店、公立図書館は近くにあるかといったことも、その学校に3年間通うことを考えれば大切なポイントになってきます。説明会の帰途、学校周辺を散策しながら見てみましょう。

■施設

校舎や教室、特別教室、図書館、自習室、体育館や武道館、グラウンドなどの一般教育施設・運動施設、コンピュータ室、部室、ロッカー、女子更衣室、食堂が充実しているか、また、毎日使うことになるトイレの清潔感もチェックしたいものの1つです。

6月号の答えと解説

問題　英語パズル

①～⑩の英文の説明（末尾の数字はその単語の文字数を表しています）に合う単語はなんでしょう？
それぞれの単語を右のパズル面から探し出して、例のように１つずつブロック分けしてください。単語はすべてタテ・ヨコにつながっています。全部のブロック分けが終わったら、マス目に残る５個の文字を組み合わせてできる、身体の部分を表す単語を答えてください。

① 【例】The fourth month of the year, between March and May（5）
② The season between winter and summer when plants begin to grow（6）
③ A place where planes land and take off and that has buildings for passengers to wait in（7）
④ A piece of land that is completely surrounded by water（6）
⑤ A child of your aunt or uncle（6）
⑥ A tool with a handle and a heavy metal head, used for breaking things or hitting nails（6）
⑦ A sea creature with a soft round body and eight long arms, that is sometimes used for food（7）
⑧ A room in which meals are cooked or prepared（7）
⑨ A black and yellow flying insect that can sting（3）
⑩ An animal with a long neck and one or two humps on its back, used in desert countries for riding on or for carrying goods（5）

P	R	I	L	P	O	T
A	N	O	S	U	O	C
H	E	B	E	C	W	L
C	N	I	E	A	M	E
T	E	S	C	M	A	H
I	K	U	O	M	A	L
R	P	S	R	E	I	T
I	D	N	B	I	R	R
N	G	A	L	S	P	O

解答　elbow（ひじ）

解説

①～⑩の単語と日本語訳は次の通りです。

① 【例】April（４月）
３月と５月の間にある、その年の４番目の月

② spring（春）
植物が成長し始める、冬と夏の間にある季節

③ airport（空港）
飛行機が離着陸し、乗客が待つための建物がある場所

④ island（島）
水で完全に囲まれた土地の一画

⑤ cousin（いとこ）
あなたの叔母またはおじの子供

⑥ hammer（金づち、ハンマー）
柄と、ものを壊すことや釘を打つことに使われる重い金属の頭を持つ道具

⑦ octopus（タコ）
料理にときどき使われる、柔らかい丸い身体と８本の長い腕を持つ海の生き物

⑧ kitchen（台所）
食事を作ったり、準備したりする部屋

⑨ bee（ハチ）
刺すことができる、黒と黄色の飛ぶ昆虫

⑩ camel（ラクダ）
乗ったり、品物を運んだりするために使われる、長い首と背中に１つまたは２つのこぶを持つ動物

P	R	I	L	P	O	T
A	N	**O**	S	U	O	C
H	E	B	E	C	**W**	L
C	N	I	E	A	M	E
T	**E**	S	C	M	A	H
I	K	U	O	M	A	**L**
R	P	S	R	E	I	T
I	D	N	**B**	I	R	R
N	G	A	L	S	P	O

中学生のための 学習パズル

今月号の問題

熟語しりとりパズル

スタートから始めて、すでに書かれている漢字や下のカギをヒントに、中心に向けて熟語のしりとりをしながら、すべてのマスを漢字でうめてパズルを完成させてください。ただし、数字のついているマスは、カギの熟語の１文字目が入ります。

最後に色のついたマスを縦に読む３文字の熟語を答えてください。

→スタート

1 清				2		3 画
	11	12	(色)		13 力	4
		20		21	14	
10		23	(色)			
	19			22	15	5
9	18 絶	17	(色)	16		6
小		8			7	雷

＜カギ＞

1　サイダーや、コーラなどの飲みもの
2　代表的な画家は雪舟
3　全体を一様にそろえること
4　進んだり退いたりすること。また、よくなったり悪くなったりすること
5　一時的にその場所から離れて危険をさけること。避難
6　落雷による被害を防ぐために、建物の上に立てる金属の棒
7　小さいことを大げさに誇張して言いたてること
8　小さな違いはあっても、大体が同じ。似たり寄ったり
9　自分が信仰する宗教と異なる宗教を信仰している人
10　手になにも持たないこと。自分の力以外になにも頼るものがないこと
11　指切り○○ ウソついたら針千本飲〜ます
12　ニュートンはリンゴが木から落ちるのを見て発見したといわれるが、これは作り話らしい
13　力士が土俵にあがったときに、ほかの力士から渡される清めの水
14　水の中。表面には現れないところ
15　下の者が上の者に打ち勝って権力を手に入れること
16　よく晴れたいい天気
17　失神ともいう
18　陸地から遠く離れた海。○○の孤島
19　行き先は、ハワイ、イタリア、ドイツなどが人気
20　「役」や「往」などの部首は？
21　日本の天気が西から東へ変わるのも、黄砂がやってくるのもこの風のため
22　甲斐の戦国大名・武田信玄の旗印
23　山のいただき

6月号学習パズル当選者

全正解者63名

李　瑜莎さん（東京都板橋区・中２）
横尾　康介さん（東京都西東京市・中２）
長砂　真央さん（神奈川県藤沢市・中１）

応募方法

●必須記入事項

01　クイズの答え
02　住所
03　氏名（フリガナ）
04　学年
05　年齢
06　右のアンケート解答
展覧会の招待券プレゼント（詳細は81ページ）をご希望の方は、「○○展招待券希望」と明記してください。

◎すべての項目にお答えのうえ、ご応募ください。
◎ハガキ・ＦＡＸ・e-mailのいずれかでご応募ください。
◎正解者のなかから抽選で３名の方に図書カードをプレゼントいたします。
◎当選者の発表は本誌2014年10月号誌上の予定です。

●下記のアンケートにお答えください。

A今月号でおもしろかった記事とその理由
B今後、特集してほしい企画
C今後、取り上げてほしい高校など
Dその他、本誌をお読みになっての感想

◆2014年8月15日（当日消印有効）

◆あて先

〒101-0047　東京都千代田区内神田2-4-2
グローバル教育出版　サクセス編集室
FAX：03-5939-6014
e-mail:success15@g-ap.com

昭《しょう》和《わ》学《がく》院《いん》秀《しゅう》英《えい》高等学校

問題

図のように四角形ABCDが円に内接している。△ABCの面積，△ACDの面積，△BCDの面積，△ABDの面積をそれぞれS_1，S_2，S_3，S_4とおく。

$S_1 : S_2 = 1 : 1$，$S_3 : S_4 = 3 : 1$，$AB = \sqrt{2}$，$AC = 4$，ACとBDの交点をEとするとき，次の値を求めよ。

(1) BDの長さ

(2) CDの長さ

(3) ADの長さ

(4) 四角形ABCDの面積

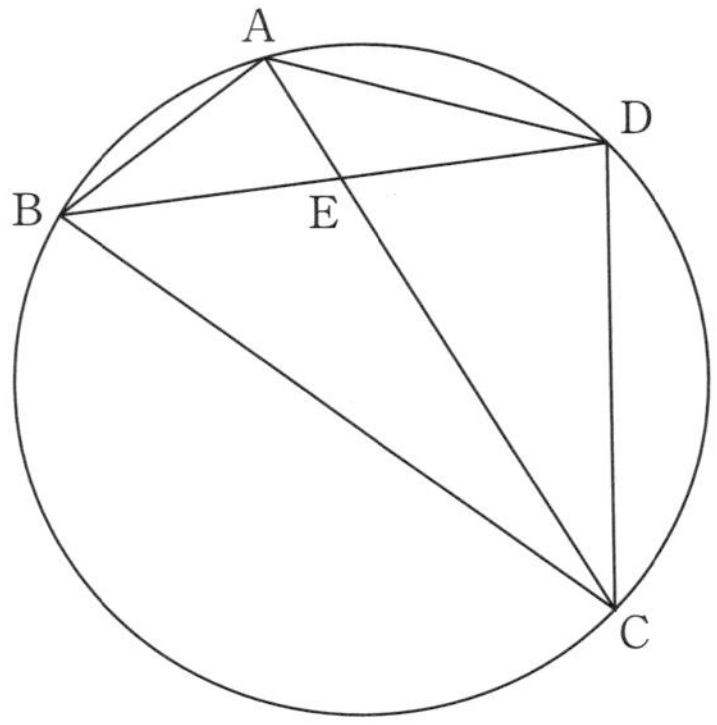

解答 (1) $2\sqrt{3}$ (2) $\sqrt{6}$ (3) $\sqrt{6}$ (4) $4\sqrt{2}$

千葉県千葉市美浜区若葉1-2

JR京葉線「海浜幕張駅」徒歩10分、JR総武線「幕張駅」・京成線「京成幕張駅」徒歩15分

043-272-2481

http://www.showa-shuei.ed.jp/

学校説明会　要予約

7月26日（土）10：00
9月6日（土）13：00
10月25日（土）13：00

雄飛祭（文化祭）

9月14日（日）9：00～15：00

横《よこ》浜《はま》隼《はや》人《と》高等学校

問題

次の英文の□に入れるのに最も適切なものを下の欄の①～⑨の中からそれぞれ1つずつ選びなさい。（文頭にくる語も小文字で示してある。）

問1　It's getting a little dark here. □ the light, please.

問2　I'm going to □ an old friend in New York next week.

問3　Many people will □ in the marathon race this spring.

問4　I like the chairs □ wood.

問5　You have to □ your shoes when you enter the house in Japan.

①made of	②take care	③call on
④made from	⑤call for	⑥by far
⑦turn on	⑧take part	⑨take off

解答 問1 ⑦ 問2 ③ 問3 ⑧ 問4 ① 問5 ⑨

神奈川県横浜市瀬谷区阿久和南1-3-1

相鉄線「希望ヶ丘駅」徒歩18分またはバス

045-364-5101

http://www.hayato.ed.jp/

学校説明会

7月26日（土）9：30～10：30
9月20日（土）9：30～10：30
10月11日（土）9：30～10：30
11月1日（土）14：00～15：00
11月22日（土）9：30～10：30
13：30～14：30
12月6日（土）9：30～10：30
13：30～14：30

オープンキャンパス（学校説明会あり）

8月23日（土）9：10

隼輝祭（文化祭）

両日とも10：00～15：00
9月27日（土）9月28日（日）

私立高校の入試問題

共《きょう》立《りつ》女《じょ》子《し》第《だい》二《に》高等学校

問題

△ABCにおいて，辺BCを２：３に分ける点をD，辺ACの中点をE，線分ADとBEとの交点をFとし，DG∥BEとなる点Gを辺AC上にとります。このとき，次の線分の比を求めなさい。

①AF：FD

②BF：FE

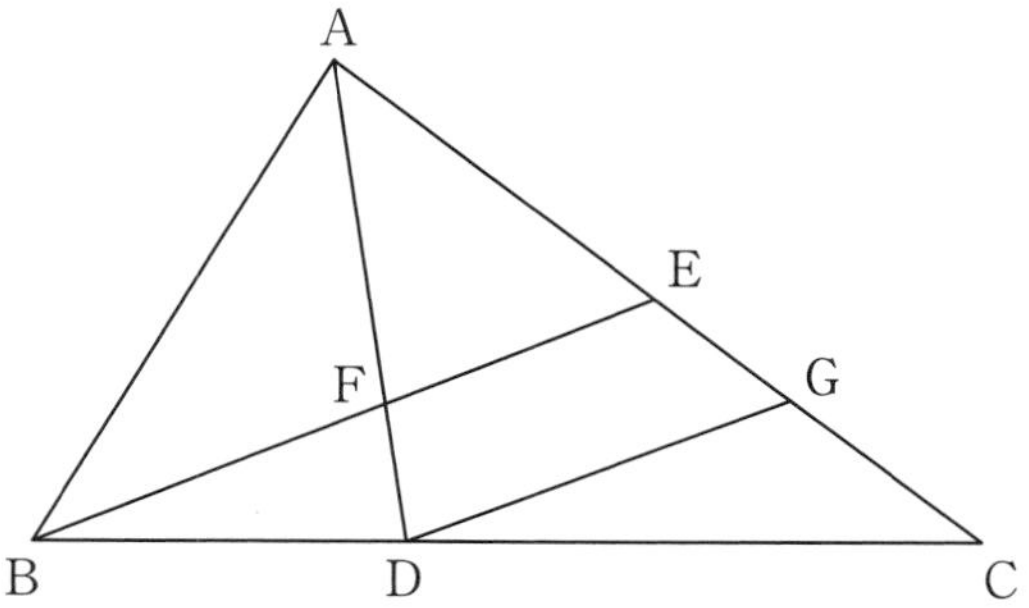

解答 ①5：2　②4：3

■東京都八王子市元八王子町1-710

■JR中央線・京王線「高尾駅」、JR中央線・横浜線・八高線「八王子駅」スクールバス

■042-661-9952

■http://www.kyoritsu-wu.ac.jp/nichukou/

白亜祭（文化祭）

9月13日（土）　9月14日（日）

学校説明会

8月30日（土）14：00
9月27日（土）10：30
10月25日（土）14：00
11月22日（土）14：00

個別相談会　要予約

11月29日（土）9：00～12：00
12月6日（土）9：00～12：00
12月8日（月）～10日（水）
14：00～17：00
12月20日（土）14：00～17：00
1月10日（土）14：00～17：00

國《こく》學《がく》院《いん》高等学校

問題

次の四字熟語の空欄に当てはまる数字をそれぞれ漢字で書きなさい。また、それぞれの熟語の意味として最も ふさわしいものを後の選択肢の中から選び、記号で答えなさい（漢字は楷書できちんと書くこと）。

① □面楚《そ》歌
② 千載□遇
③ 朝□暮四
④ □律背反

ア　互いに矛盾・対立するものが同時に成立する状態。
イ　周囲が皆敵や反対者ばかりであること。
ウ　目の前の結果にこだわって、同じ結果となるのに気付かないこと。
エ　どうするべきか判断に迷い、方針や見込みがまったく立たないこと。
オ　めったにおとずれることのないようなよい機会。

解答 ①四、イ　②一、オ　③三、ウ　④二、ア

■東京都渋谷区神宮前2-2-3

■地下鉄銀座線「外苑前駅」徒歩5分、都営大江戸線「国立競技場駅」徒歩12分、JR中央線・総武線「千駄ケ谷駅」「信濃町駅」徒歩13分、地下鉄副都心線「北参道駅」徒歩15分

■03-3403-2331

■http://www.kokugakuin.ed.jp/

学校説明会

10月18日（土）
11月8日（土）
11月29日（土）
12月6日（土）

文化祭

9月20日（土）
9月21日（日）

※学校見学会についてはホームページにてご確認ください。

お便りコーナー

サクセス広場

夏の楽しみ

ラムネの一気飲み！　あっついなかで飲む冷たーいラムネはたまりません！
(中２・シュワシュワさん)

お祭りのお手伝い！　模擬店の手伝いが楽しくて毎年参加。ボランティアのおばちゃんたちの差し入れがいつも多い（笑)。
(中３・フォロ方ぷらす天パさん)

やっぱり**夏休み**。今年は受験勉強もあるけど、プールで泳ぎまくる！
(中３・プールがなけりゃ！さん)

夏になると、ぼくの家では３日に１回は必ず**そうめん**を食べます。色々な薬味を入れて食べると、本当においしいです。やっぱり夏はそうめんですね！
(中１・そうめんマンさん)

夏祭りが楽しみです！　学校で夏祭りが開かれるので新しいクラスメートと行く約束をもうしてしまいました。そのなかには好きな子が…。待ちきれないです!!
(中２・祭人さん)

海に行くこと！　泳ぐだけじゃなくて砂遊びもできるから海が大好き！
とくに砂まみれになりながら食べるかき氷がサイコー！
(中１・ブルーハワイさん)

花火大会!　浴衣を着ると自然と女の子らしくなれるんです。
(中２・恋する乙女さん)

この世からなくなったら困るもの

納豆！　小さいころから当たり前のように毎日食べてるので、なくなったら身体のバランスが崩れちゃう気がします。
(中２・ねばねばさん)

いつもは朝起きるのとか面倒だと思っているけど、**学校**がもしなくなったらって考えたら、ちょっと困る気がする。
(中２・遅寝遅起きさん)

コンビニ。　そんなに行くわけじゃないけど、家の近くにあるとなぜか安心します。
(中１・I.Kさん)

お箸です！　お箸がないと、ラーメンとか食べにくそうで絶対困る！
(中１・オハシオカシさん)

お風呂！　お風呂大好きなので。お風呂に入らないと１日が終わった気がしません。
(中１・熱湯上等さん)

好きなスポーツ

バドミントン！　球技はこわいけど、シャトルならこわくない！
(中２・A.Kさん)

泳ぐのが好きです。バタフライが一番得意です。中学は水泳部がなかったので、高校は水泳部があるところに行きたいです。
(中２・背泳ぎが苦手さん)

相撲！　おばあちゃんと家で大相撲のテレビ中継を見るのが好き！
(中１・名古屋場所楽しみさん)

ラグビーです。テレビで激しいぶつかりあいを見て興奮して、自分も始めました。
(中１・毎日泥だらけさん)

バスケットボールです。憧れの先輩がシュートを決めたときのかっこよさに一目惚れしました。
(中１・先輩大好きさん)

駅伝。　あの必死で走っている姿にいつも感動してしまいます。
(中３・H.Tさん)

必須記入事項

A／テーマ、その理由　**B**／住所　**C**／氏名
D／学年　**E**／ご意見、ご感想など

ハガキ、FAX、メールを下記までどしどしお寄せください!
住所・氏名は正しく書いてください!!
ペンネームは氏名のうしろに(　)で書いてネ!
【例】サク山太郎(サクちゃん)

あて先

〒101-0047　東京都千代田区内神田2-4-2
グローバル教育出版　サクセス編集室
FAX:03-5939-6014
e-mail:success15@g-ap.com

募集中のテーマ

「どんなデートが理想?」
「高校で入りたい部活」
「街で見かけたおもしろいもの」

応募〆切 2014年8月15日

ここにメールしてね!!

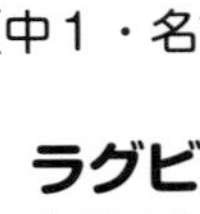

ケータイから上のQRコードを読み取り、メールすることもできます。

掲載されたかたには抽選で図書カードをお届けします!

掲載にあたり一部文章を整理することもございます。個人情報については、図書カードのお届けにのみ使用し、その他の目的では使用いたしません。

Exhibition

宇宙博2014
NASA・JAXAの挑戦

7月19日（土）～9月23日（火祝）
幕張メッセ

船外活動で撮影された「きぼう」と地球©JAXA/NASA

「宇宙博2014」の招待券を5組10名様にプレゼントします。応募方法は77ページを参照。

NASA × JAXA 夢のコラボが実現

幕張メッセで、アメリカ航空宇宙局（NASA）と宇宙航空研究開発機構（JAXA）の協力のもと、国内最大級の宇宙イベントが開催される。約9000㎡の展示スペースを「NASAエリア」「JAXA・日本の宇宙開発エリア」「未来の宇宙開発エリア」「火星探査エリア」に分け、宇宙開発の歴史から未来の宇宙開発プロジェクトまで宇宙に挑み続ける人類の情熱を、数多くの貴重な実物資料や実物大モデルなどで紹介する。

Art

オルセー美術館展
印象派の誕生―描くことの自由―

7月９日（水）～10月20日（月）
国立新美術館

エドゥアール・マネ《笛を吹く少年》1866年 油彩／カンヴァス 160.5×97cm ©RMN-Grand Palais (musée d'Orsay) / Hervé Lewandowski / distributed by AMF

「オルセー美術館展」の招待券を5組10名様にプレゼントします。応募方法は77ページを参照。

「印象派の殿堂」オルセー美術館の絵画展

印象派の誕生から140周年を迎える今年2014年、「印象派の殿堂」として知られるフランスのパリにあるオルセー美術館が所蔵する珠玉の名画が来日する。「印象派の誕生」をテーマとした魅力的な展覧会では、マネ、モネ、ルノワール、ドガ、セザンヌなど印象派を代表する巨匠の作品など84点が出展される予定で、なかでもマネは「笛を吹く少年」（上写真）をはじめ11点が公開される。

Event

川崎大師風鈴市

7月17日（木）～7月21日（月祝）
川崎大師 平間寺

涼やかな風鈴の音色に癒される夏の風物詩

夏の風物詩として多くの人々に親しまれている川崎大師風鈴市。境内の特設会場では、全国各地のさまざまな風鈴が販売され、夏空のもと、涼やかな音色を響かせている。ひとくちに風鈴と言っても、見た目にも清涼感のあるガラス製のもの、音色の美しい南部鉄器や真鍮《しんちゅう》製のもの、かわいらしいたたずまいの陶器製のものなど、その材質や形状は多種多様。川崎大師限定の「厄除だるま風鈴」もかわいいのでおすすめだ。

サクセス イベントスケジュール
7月～8月
世間で注目のイベントを紹介

涼しげな音を奏でる「風鈴」。現在のように家の軒先につるす風鈴がいつから使われたのかは定かではないが、ガラス細工が盛んになったことから、江戸時代末期には吹きガラスで作られた風鈴が大流行するなど、古くから日本の夏を彩る風物詩として親しまれている。

Art

水の音
―広重から千住博まで―

7月19日（土）～9月15日（月祝）
山種美術館

横山大観《夏の海》1952（昭和27）年頃 紙本・彩色 山種美術館

会期中、一部展示替あり

川、海、滝、雨…「水の音」を感じる絵画

暑い夏の季節、視覚から涼を求めてみるのもいいかもしれない。海に囲まれ、大きな川や湖もある日本では、水は身近な存在であり、絵画の主題としても多く取り上げられてきた。山種美術館では絵画から感じられる「水の音」をテーマに、川、海、滝、雨の主題に沿って、変化に富んだ水の姿を美しく表現した日本の絵画を紹介する展覧会が開かれる。「水の音」を閉じ込めたような造形美の作品をぜひ見てほしい。

Exhibition

メトロポリタン美術館
古代エジプト展　女王と女神

7月19日（土）～9月23日（火祝）
東京都美術館

ハトシェプスト女王像の頭部 Rogers Fund, 1931 (31.3.153) Image © The Metropolitan Museum of Art.

「古代エジプト展」の招待券を5組10名様にプレゼントします。応募方法は77ページを参照。

メトロポリタン美術館のエジプト・コレクション

3万点を擁するエジプト・コレクションで有名なアメリカのメトロポリタン美術館。そのコレクションのなかから、“女性”に焦点を当てて厳選した約200点が来日。古代エジプト史において最も重要と言われる女性ファラオ、ハトシェプスト女王にまつわる品々をはじめ、当時の人々から篤く信仰された女神たちの像やレリーフ、王家の女性を彩った美しく豪華な装身具や化粧道具など、貴重な展示が魅力だ。

Art

思い出のマーニー×種田陽平展

7月27日（日）～9月15日（月祝）
江戸東京博物館

©2014 GNDHDDTK

スタジオジブリ最新作の世界を体感しよう

7月19日（土）から公開されるスタジオジブリ最新作「思い出のマーニー」（米林宏昌監督）の世界を体感できる展覧会が江戸東京博物館で開催される。同作で美術監督を務める種田陽平が、アニメーション作品の世界を、なんと実写映画セットのように表現。まるで映画のなかに入り込んだような感動体験ができる。映画を見た人にも、これから見に行くという人にもおすすめの展覧会だ。

～サクセス18のご紹介～

サクセス18は早稲田アカデミーが
創った現役生難関大学受験専門塾です。

昨年比アップ!! **東京大学63名合格!**

過去最高数更新!! **早慶上智大530名合格!**

高い合格率 27% 2014年早稲アカ合格率 参考 22%・22%

GMARCH理科大655名合格!

早稲田232名合格

慶應145名合格

上智153名合格

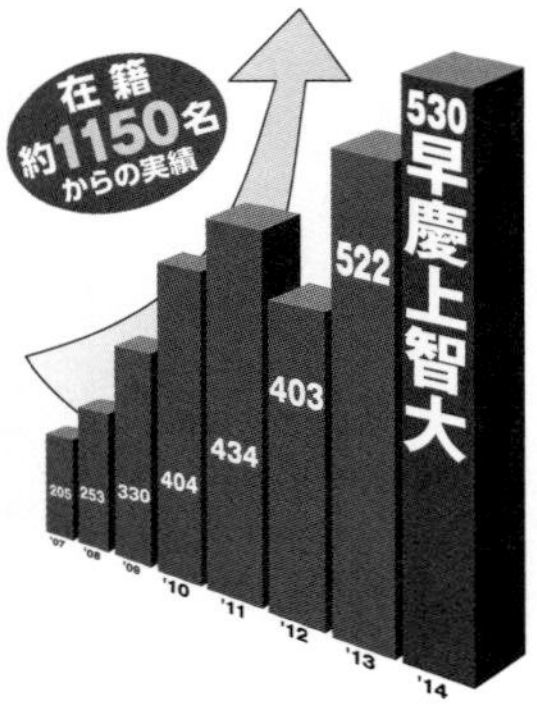

●2014年度 大学入試合格体験記

東京大学［文科Ⅰ類］合格

早稲田大学［法学部］、明治大学［法学部］

歌代 彩花（国立筑波大学附属高校）

学校生活を楽しみながら

高校1年のはじめからサクセス18に通って、英数国の3科目を受講していました。高校1年生なんて正直受験を意識して勉強なんてできないし、学校の行事や部活を楽しむべきだと思います。しかし、受験に対する高い意識を常に持っていなくとも、サクセス18に通いつづけていたことで毎週の授業時の確認テストの準備などによって、最低限の勉強量を確保することができました。高校2年の終わりまでのこの積み重ねが、私の学力の基礎を作ってくれて、受験期に大きなアドバンテージになったと思います。ただ、後輩に注意したいのは「社会」です。私の学校は社会の進度が遅く、サクセス18でも地理は高3からしかなく、世界史も高2の終わりには中世までしか進んでいなかったのでとても焦りました。なんとか間に合いましたが、その分直前期に英数国の演習量が減ってしまい、不安に感じました。サクセス18の通常授業が始まる前に、社会は自主的に学習をしておくと授業の効果はさらに上がるし、楽だと思います。サクセス18のよい所は、必勝講座等を通じて、同じ目標を持つ仲間と出会えることだと思います。仲間と切磋琢磨できるのは、とても支えになったし、時にはライバルとしても多くの刺激をもらうことができました。とても長い時間をサクセス18で過ごしました。サクセス18の先生方、スタッフの方々、事務の方々、そして同級生のみなさん、3年間本当にありがとうございました。

東京大学［理科Ⅲ類］合格

慶應義塾大学［医学部］、東京慈恵会医科大学［医学部］、順天堂大学［医学部］

郭 昇煥（私立開成高校）

集う人間の思いをカタチに

つらかった。毎週の授業。春・夏・冬の季節講習。1日10時間の夏期合宿。全国からのライバルがしのぎを削った東大冬合宿。センター前の一週間。授業もなく、自分ひとりと戦う2月の毎日。なにかどうしようもない失敗をするんじゃないか。勉強量が足りないんじゃないか。このままじゃ落ちるんじゃないか…。いろいろと思いつめたときもあった。受験をこのままやめてしまおうかと思ったときもあった。投げ出してしまうおうか。逃げ出してしまおうか。でも、そうはしなかった。あきらめようかと思うと、いつも浮かぶ顔は、早稲田アカデミーの先生方、一緒に通った良きライバルである友達の存在だった。結局、自分を合格という結果につなぎ止めてくれたもの、それは、早稲田アカデミーという学びの場に集った仲間と、それを懸命に導いてくれた先生ひとりひとりの人間の存在だったと思う。カリキュラムも、教材も、バックアップシステムも、どれもこれも、本当に魅力的な塾が早稲田アカデミーだった。しかしなにより、この空間を支えた人間の思いが、かけがえのない私の財産であり、これから学ぶみんなにも感じ取ってほしい魅力だと思う。3年間ありがとうございました。

一橋大学［法学部］合格

慶應義塾大学［経済学部］、早稲田大学［政治経済学部・法学部・国際教養学部］、上智大学［法学部］、中央大学［法学部］、明治大学［政治経済学部］、日本女子大学［人間社会学部］

江本 磨依（私立光塩女子高校）

早稲アカでの思い出

私は中学三年から、4年間、早稲アカに通いました。こうして無事に第一志望の大学に合格することができて、改めて受験生活における早稲アカの支えの大きさに気付かされました。私が思う早稲アカの美点は、第一に精神面でのサポートです。日々の対話や定期的な面談の中でのたくさんの激励があったからこそ、私は最後まで受験勉強を頑張りきることができました。生徒を一人一人を把握した綿密なサポートは少人数制の早稲アカならではだと思います。第二に、明確な努力のすすめです。夏期合宿や必勝合宿、正月特訓など、早稲アカの指導方針は人並み以上の努力を要しますが、こうしたまっすぐな努力の蓄積は確かに結果に繋がります。そして、受験当日などの切迫した状況でこそ、早稲アカとともに歩んできた努力の軌跡は真価を発揮し、受験生を不安から解き放ってくれるはずです。4年前、早稲アカへの通塾という選択をしたからこそ、私は自分の望む結果が出せたのだと確信しています。受験生の皆さんも、早稲アカを信じてまっすぐに努力を続けて輝かしい未来を開いていってください。応援しています。

早稲田大学［創造理工学部］合格

首都大学［都市教養学部］、東京理科大学［工学部・理工学部］、明治大学［理工学部］、法政大学［理工学部］、東京都市大学［工学部］

井上 遼哉（私立東京都市大学付属高校）

早稲田アカデミーから得たモノ

私の中学3年間は、親の目が届いていないのを良いことに、勉強のモチベーションが低下していきました。中学校の勉強はどうにかなりましたが、高校ではそうはいきません。高校1年の成績は散々なものでした。そんな中で出会った塾が、早稲アカでした。早稲アカの授業はとても体系的でわかりやすく、かつ先生と生徒のコミュニケーションが多い、体験授業でそう感じた私は、早稲アカで学ぼうと決めました。2年生の夏に合宿に参加し、周りに触発され、かつ校舎でのハイレベルな仲間の存在は、私のモチベーションをさらに上げていきました。3年生になり、早稲田大学を志望していた私は、早慶必勝に参加しました。校舎より更にハイレベルな仲間との競争は、私を大きく成長させました。この頃には、スタート段階で高い目標であった早稲田大学が、現実的な目標になっていきました。入試までの期間、質の高い授業だけでなく精神的なサポートや丁寧な面談、正月特訓など様々なサポートを経て、今の合格があると思っています。私は早稲田アカデミーによって志望校へ合格できました。本当にありがとうございました。

高3対象
日曜特訓

志望校別対策コース

東大必勝コース ｜ 一橋大必勝コース ｜ 東工大必勝コース ｜ 早慶大必勝コース ｜ 難関大必勝コース

説明会&選抜試験
8/23㊏・31㊐
※会場・時間等詳細はお問い合わせください。

エキスパート講師陣 ｜ 少人数・学力別クラス ｜ 志望校別オリジナル教材 ｜ 徹底した添削システム

【会場】▶ 東大必勝 御茶ノ水校 一橋大必勝 荻窪校 東工大必勝 渋谷校
早慶大必勝 池袋校・渋谷校・国分寺校 難関大必勝 池袋校・渋谷校・国分寺校

【料金】▶ 入塾金：10,800円（基本コース生は不要）
受講料：31,400円／ターム

池袋校	03-3986-7891	大泉学園校	03-5905-1911	調布校	042-482-0521	大宮校	048-641-4311
御茶ノ水校	03-5259-0361	荻窪校	03-3391-2011	新百合ヶ丘校	044-951-0511	所沢校	04-2926-2811
渋谷校	03-3406-6251	国分寺校	042-328-1941	宮崎台校	044-855-4481	志木校	048-476-4901

医歯薬専門予備校44年の伝統と実績

医学部完全合格68名!!

1クラス6名、夜12:30まで講師がつきっきり指導!

高3生対象 **ホテル合宿特訓 7/19㊏～8/16㊏**

日曜集中特訓 **医学部必勝講座** 説明会・選抜試験 **8/23㊏** 高3対象 無料

医学部専門個別指導 Medical 1 メディカル・ワン

早稲田アカデミー 教育グループ
医歯薬専門予備校

野田クルゼ

〈御茶ノ水〉

資料請求・お問い合わせ・各種お申し込みはお気軽にこちらへ

現役校 Tel 03-3233-6911（代） Fax 03-3233-6922 受付時間 13:00～22:00

本校 Tel 03-3233-7311（代） Fax 03-3233-7312 受付時間 9:00～18:00

野田クルゼの最新情報はホームページでもご確認いただけます。 野田クルゼ 検索

“個別指導”だからできること × “早稲アカ”だからできること

- 難関校にも対応できる
- 弱点科目を集中的に学習できる
- 最終授業が20時から受けられる
- 早稲アカのカリキュラムで学習できる

広がる早稲田アカデミー個別指導ネットワーク

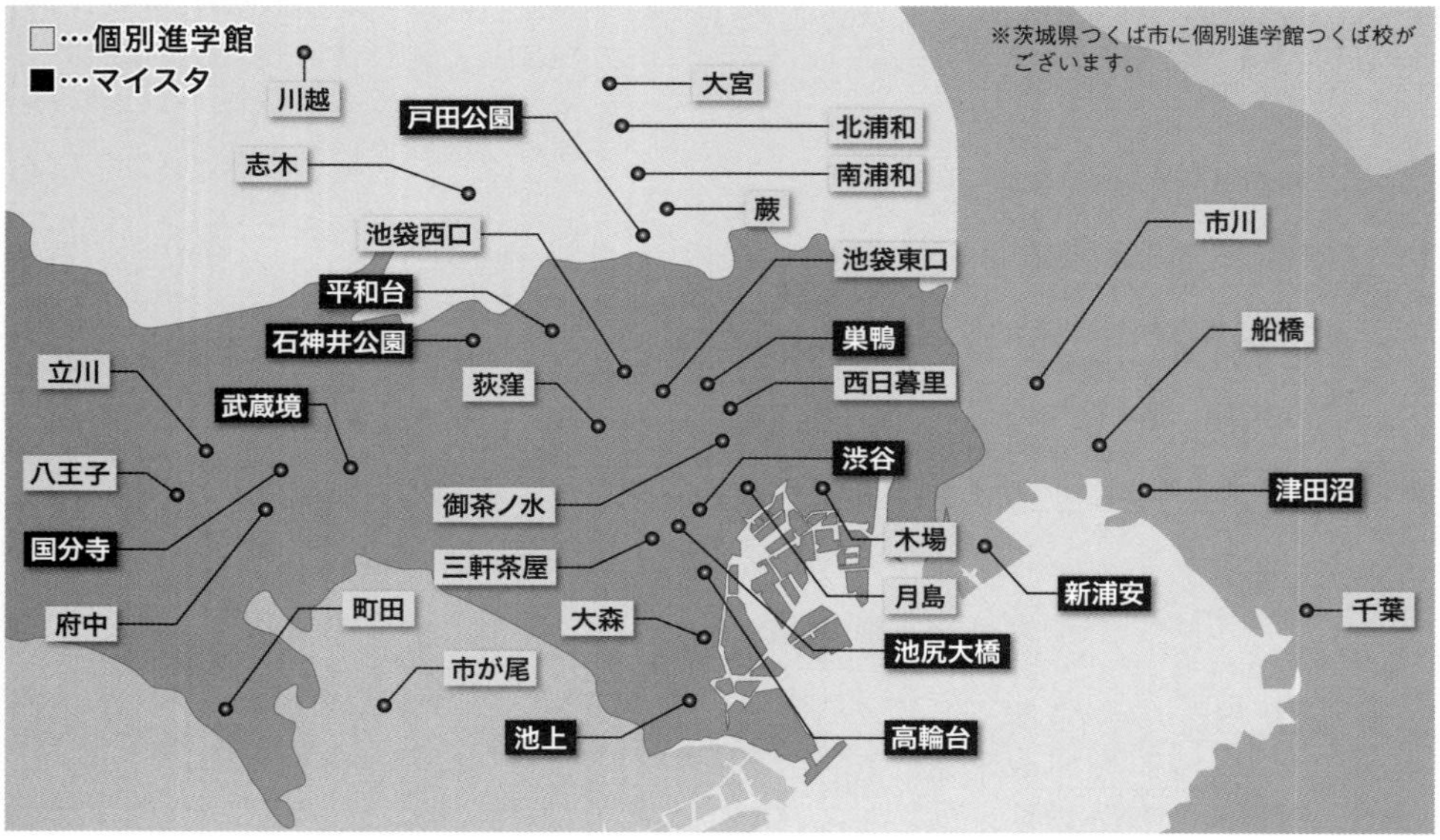

マイスタは2001年に池尻大橋教室・戸田公園教室の2校でスタートし、個別進学館は2010年の志木校の1校でスタートした、早稲田アカデミーの個別指導ブランドです。お子様の状況に応じて受講時間・受講科目が選べます。また、早稲田アカデミーの個別指導なので、集団授業と同内容を個別指導で受講することができます。マイスタは1授業80分で1:1または1:2の指導形式です。個別進学館は1授業90分で指導形式は1:2となっています。カリキュラムなどはお子様の学習状況、志望校などにより異なってきます。お気軽にお近くの教室・校舎にお問い合わせください。

悩んでいます… 中2

クラブチームに所属していて、近くの早稲アカに通いたいのに、曜日が合わない科目があります。

解決します!

早稲アカの個別指導では、集団校舎のカリキュラムに準拠した指導が受けられます。数学だけ曜日があわないのであれば、数学だけ個別で受講することも可能です。もちろん、3科目を個別指導で受講することもできます。

悩んでいます… 中3

中2の途中から英語が難しくなってきて、中3の学習内容が理解できるか心配です。

解決します!

個別指導はひとりひとりに合わせたカリキュラムを作成します。集団校舎で中3内容を、個別指導では中2内容を学習することも可能です。早稲田アカデミー集団校舎にお通いの場合は、担当と連携し、最適なカリキュラムを提案します。

悩んでいます… 中3

中2範囲の一次関数がとても苦手です。自分でやろうとしても分からないことだらけで…。

解決します!

個別指導では範囲を絞った学習も可能です。一次関数だけ、平方根だけなど、苦手な部分を集中的に学習することで理解を深めることができます。『説明を聞く→自分で解く』この繰り返しで、分かるをできるにかえていきます。

新規開校 早稲田アカデミー個別進学館 **西日暮里校** **新入生受付中!**

小・中・高 全学年対応／難関受験・個別指導・人材育成

早稲田アカデミー個別進学館

WASEDA ACADEMY KOBETSU SCHOOL

夏期講習 7/1(火)▶8/31(日) 休校日は校舎により異なります。

お問い合わせ・お申し込みは最寄りの個別進学館各校舎までお気軽に!

池袋東口校 03-3971-1611	池袋西口校 03-5992-5901	御茶ノ水校 03-3259-8411	荻窪校 03-3220-0611
北浦和校 048-822-6801	千葉校 043-302-5811	大森校 03-5746-3377	月島校 03-3531-3860
三軒茶屋校 03-5779-8678	木場校 03-6666-4222	町田校 042-720-4331	府中校 042-314-1222
八王子校 042-642-8867	立川校 042-548-0788	市が尾校 045-979-3368	大宮校 048-650-7225
南浦和校 048-882-5721	志木校 048-485-6520	蕨　校 048-444-3355	川越校 049-277-5143
市川校 047-303-3739	船橋校 047-411-1099	つくば校 029-855-2660	西日暮里校 03-3802-1101

MYSTA

早稲田アカデミー 個別指導マイスタ

夏期講習 前期 **7/18(金)▶8/7(木)** 後期 **8/17(日)▶30(土)**

7/20・27・8/3・24はお休みです。

お問い合わせ・お申し込みは最寄りのMYSTA各教室までお気軽に!

渋谷教室 03-3409-2311	池尻大橋教室 03-3485-8111	高輪台教室 03-3443-4781
池上教室 03-3751-2141	巣鴨教室 03-5394-2911	平和台教室 03-5399-0811
石神井公園教室 03-3997-9011	武蔵境教室 0422-33-6311	国分寺教室 042-328-6711
戸田公園教室 048-432-7651	新浦安教室 047-355-4711	津田沼教室 047-474-5021

New

Success15 Back Number

2014
7月号

イチから考える
志望校の選び方

日本全国なんでもベスト3

SCHOOL EXPRESS
筑波大学附属

Focus on
東京都立三田

2014
6月号

難関国立・私立校の
入試問題分析2014

快眠のススメ

SCHOOL EXPRESS
豊島岡女子学園

Focus on
埼玉県立春日部

2014
5月号

先輩に聞く!!
難関校合格への軌跡

高校図書館＆オススメ本

SCHOOL EXPRESS
お茶の水女子大学附属

Focus on
神奈川県立厚木

2014
4月号

勉強も部活動も頑張りたいキミに
両立のコツ、教えます

水族館・動物園などのガイドツアー

SCHOOL EXPRESS
慶應義塾

Focus on
東京都立駒場

2014
3月号

どんなことをしているの？
高校生の個人研究・卒業論文

理系知識を活かしたコンテスト

SCHOOL EXPRESS
東京学芸大学附属

Focus on
千葉県立船橋

2014
2月号

勉強から不安解消まで
先輩たちの受験直前体験談

合格祈願グッズ

SCHOOL EXPRESS
開成

Focus on
千葉県立千葉

2014
1月号

冬休みの勉強法
和田式ケアレスミス撃退法

直前期の健康維持法

SCHOOL EXPRESS
早稲田大学本庄高等学院

Focus on
埼玉県立大宮

2013
12月号

東京大学ってこんなところ
東大のいろは

「ゆる体操」でリラックス

SCHOOL EXPRESS
早稲田大学高等学院

Focus on
埼玉県立浦和第一女子

2013
11月号

教えて大学博士！
なりたい職業から学部を考える

学校カフェテリアへようこそ

SCHOOL EXPRESS
慶應義塾志木

Focus on
千葉県立東葛飾

2013
10月号

模試を有効活用して
合格を勝ち取る！

中1・中2　英・国・数

SCHOOL EXPRESS
桐朋

Focus on
神奈川県立川和

2013
9月号

SSHの魅力に迫る！

東京歴史探訪

SCHOOL EXPRESS
法政大学第二

Focus on
東京都立立川

2013
8月号

現役高校生に聞いた！
中3の夏休みの過ごし方

自由研究のススメ

SCHOOL EXPRESS
中央大学附属

Focus on
埼玉県立浦和

2013
7月号

学校を選ぼう
共学校・男子校・女子校のよさを教えます！

使ってナットク文房具

SCHOOL EXPRESS
栄東

Focus on
神奈川県立横浜翠嵐

2013
6月号

今年出た！ 高校入試の
記述問題にチャレンジ

図書館で勉強しよう

SCHOOL EXPRESS
青山学院高等部

Focus on
東京都立国立

2013
5月号

難関校に合格した
先輩たちの金言

英語で読書

SCHOOL EXPRESS
山手学院

Focus on
東京都立戸山

2013
4月号

早大生、慶大生に聞いた
早稲田大学・慶應義塾大学

学校クイズ

SCHOOL EXPRESS
東邦大学付属東邦

Focus on
千葉市立千葉

2013
3月号

みんなの視野が広がる！
海外修学旅行特集

部屋を片づけ、頭もスッキリ

SCHOOL EXPRESS
早稲田実業学校

Focus on
東京都立日比谷

サクセス15 バックナンバー 好評発売中！

How to order バックナンバーのお求めは

バックナンバーのご注文は電話・FAX・ホームページにてお受けしております。詳しくは88ページの「information」をご覧ください。

これより前のバックナンバーはホームページでご覧いただけます（http://success.waseda-ac.net/）

＜コーナー名＞

＜本文中記事＞

Success15

8月号

©Opus/a.collectionRF/amanaimages

編集後記

今月号は夏休み直前ということで、「夏休みの勉強方法」と「夏バテ対策」を特集しました。受験生はもちろん、中1・中2のみなさんにとっても、しっかりと勉強に取り組んで、有意義な夏休みとなることを願います。とはいえ、勉強の合間には息抜きも必要ですよね。そんなときに読んでほしいのが、80ページのおたよりコーナー「サクセス広場」です。読者のみなさんからの投稿を紹介する楽しいページですが、毎月多くのおもしろいおたよりが寄せられ、どれを掲載するか選ぶのが難しいくらいなんですよ。まだ投稿したことがないという人は、メールでも簡単に送れるので、ぜひ参加してみてくださいね。（H）

Next Issue 9 月号は…

Special 1
高校の文化祭&体育祭

Special 2
英語でことわざ

School Express
渋谷教育学園幕張高等学校

Focus on 公立高校
東京都立国分寺高等学校

※特集内容および掲載校は変更されることがあります

サクセス編集室お問い合わせ先

TEL 03-5939-7928
FAX 03-5939-6014

高校受験ガイドブック2014 8 サクセス15

発行　2014年7月15日　初版第一刷発行
発行所　株式会社グローバル教育出版
〒101-0047 東京都千代田区内神田2-4-2
TEL　03-3253-5944
FAX　03-3253-5945
http://success.waseda-ac.net
e-mail　success15@g-ap.com
郵便振替　00130-3-779535
編集　サクセス編集室
編集協力　株式会社 早稲田アカデミー

Information

『サクセス15』は全国の書店にてお買い求めいただけますが、万が一、書店店頭に見当たらない場合は、書店にてご注文いただくか、弊社販売部、もしくはホームページ（左記）よりご注文ください。送料弊社負担にてお送りします。定期購読をご希望いただく場合も、上記と同様の方法でご連絡ください。

Opinion, Impression & etc

本誌をお読みになられてのご感想・ご意見・ご提言などがありましたら、ぜひ当編集室までお声をお寄せください。また、「こんな記事が読みたい」というご要望や、「こういうときはどうしたらいいの」といったご質問などもお待ちしております。今後の参考にさせていただきますので、よろしくお願いいたします。